A<sup>t</sup>V

HEINZ STADE, geb. 1945 in Arnstadt, Journalist und Buchautor, lebt in Erfurt. Für seine 1994 begonnene Denkmalserie in der »Thüringer Allgemeine« und das daraus entstandene Buch »Leben und arbeiten im Denkmal« erhielt er 2003 den Deutschen Denkmalpreis. Im Jahr darauf bekam er den Thüringer Journalistenpreis. Seit 1989 Autor bzw. Mitautor von über zwanzig Büchern vor allem über das Reiseland Thüringen.

FALKO BEHR, geb. 1972, seit 1993 freischaffender Fotograf in Erfurt, Arbeitsgebiete: Buch-, Katalog- und Ausstellungsprojekte sowie Architekturfotografie.

Schon auf Grund seiner schwachen körperlichen Konstitution war Schiller kein reisefreudiger Mensch. Nach seiner spektakulären Flucht aus der schwäbischen Heimat wurde Thüringen sein neuer Lebensmittelpunkt. Hier heiratete er, war zehn Jahre lang als Geschichtsprofessor in Jena tätig und verbrachte die letzten viereinhalb Jahre in Weimar. Heinz Stade hat 32 Städte und Dörfer aufgesucht, an denen sich der Dichter für kürzere oder längere Zeit aufhielt. Neben den eigentlichen Schiller-Städten Marbach, Ludwigsburg, Stuttgart, Mannheim, Jena und Weimar führen uns Autor und Fotograf auch zu kleineren Orten, die mit wesentlichen Abschnitten der Schillerschen Biographie verbunden sind: Oggersheim, Bauerbach, Rudolstadt, Bad Lauchstädt, Leipzig-Gohlis, Dresden-Loschwitz u. a. Von dem heutigen Eindruck schlägt der Text den Bogen zurück zu Schiller: den Gründen seines jeweiligen Aufenthalts, wie Natur und Menschen auf ihn wirkten, woran er arbeitete, wie sein Befinden war. Die ausgewählten Zitate lassen den großartigen Briefschreiber zu Wort kommen und bringen dem Leser die Intensität von Schillers Erleben und Empfinden nahe.

# Heinz Stade

# Unterwegs zu Schiller

*Fotos Falko Behr*

Aufbau Taschenbuch Verlag

Mit 47 Fotos

Das Umschlagmotiv zeigt das »Römische Haus« im
Park an der Ilm, an dem Schillers Lieblingsspaziergang
von Weimar nach Park und Schloß Belvedere
vorbeiführte

ISBN 3-7466-8117-0

2. Auflage 2005
© Aufbau Taschenbuch Verlag GmbH, Berlin 2005
Umschlaggestaltung Torsten Lemme, Berlin
unter Verwendung eines Fotos von Global Picture GmbH
Repro LVD GmbH, Berlin
Druck und Binden Ebner & Spiegel, Ulm
Printed in Germany

www.aufbau-taschenbuch.de

Das auf Restaurierung wartende  Schiller-Denkmal
in Mannheim

# Inhalt

# Geleitwort

Unterwegs zu Schiller – was für ein Unterfangen in unserer globalisierten Welt. »Mir für meine kleine Person erscheint die große politische Gesellschaft aus der Haselnußschale, woraus ich sie betrachte, ohngefähr so, wie einer Raupe der Mensch vorkommen mag, an dem sie hinaufkriecht. Ich habe einen unendlichen Respekt für diesen großen, drängenden Menschenozean, aber es ist mir auch wohl in meiner Haselnußschale. Mein Sinn, wenn ich einen dafür hätte, ist nicht geübt, nicht entwickelt, und solange mir das Bächlein Freude in meinem engen Zirkel nicht versiegt, so werde ich von diesem großen Ozean ein neidloser und ruhiger Bewunderer bleiben.« Als Friedrich Schiller das an Caroline von Beulwitz am 27. November 1788 schrieb, war er erst wenige Tage aus dem Dorf Volkstedt bei Rudolstadt, jener den Touristen von heute kaum bekannten lieblichen Gegend, nach Weimar zurückgekehrt.

Wer im Jahre 2005, dem 200. Todesjahr Friedrich Schillers, unterwegs ist zu dem Dichter, begibt sich auf den Pfad eines ebenso bewundernswerten wie streitbaren Mannes voller Widersprüche. Daß Schiller – vielleicht mehr denn je – im Schatten Goethes steht, aber vor allem als Autor der »Räuber« und des »Tell« Chancen hat, per zeitgenössisch aufpoliertem Event wahrgenommen zu werden, ist nicht erst nach dem Auftritt des Deutschen Nationaltheaters Weimar am Rütli im Sommer 2004 offenkundig. Eine nicht jedem Verlag bewußte Erbepflege und eine nicht zu verleugnende aktuelle Herausforderung waren die Voraussetzung, daß sich der ideenstiftende Autor und das Lektorat rasch einigten, dieses Taschenbuch zu erarbeiten. Was jetzt vorliegt, ist nicht mit kurzlebigem Blick auf ein Jubiläum entstanden, sondern Ergebnis jahrelanger Recherchen in der Literatur und – was sich bei einem Journalisten von selbst versteht – vor Ort. Mit Schiller auf Tuchfühlung zu kommen oder ihm »auf Augenhöhe« zu begegnen war mein Ziel. Ich kann nur wünschen, daß die dabei gemachten, zuweilen überraschenden Einsichten und die neugewonnene Nähe zu Schiller sich auch bei den Leserinnen und Lesern einstellen.

Der Lebensradius des mehr oder weniger freiwillig »verhinderten Reisenden« Schiller kommt uns in der gegenwärtigen Welt tatsächlich wie eine Haselnußschale vor, umspannen doch die in diesem Buch näher beschriebenen, dem Verlauf der Biographie folgenden Orte einen selbst für damalige Verhältnisse kleinen Raum. Städte und Dörfer, in denen Schiller nur eine oder wenige Nächte blieb, um auf Post, Geld oder Einladungen zu warten bzw. Sehenswürdigkeiten zu besichtigen, erhielten kein eigenes Kapitel, sondern werden lediglich erwähnt, zum Beispiel Würzburg, Nürnberg, Heilbronn, Schwäbisch Gmünd, Schwetzingen, Darmstadt, Tübingen, Frankfurt am Main, Sachsenhausen, Halle, Bonn, Weißenfels, Kahnsdorf, Hohnstädt, Naumburg, Kalbsrieth, Untermaßfeld, Vacha, Walldorf, Bad Blankenburg, Burgau, Lobeda, Naumburg, Gotha und Karlsbad.

Schiller selbst war sich der Enge seines Daseins durchaus bewußt. Das briefliche Resümee seiner einzigen Reise nach Berlin im Frühjahr 1804 spricht davon: »Besonders viel habe ich dort nicht gefunden, aber einige Monate im Jahr dort zuzubringen, würde mir angenehm und nützlich sein. Ich habe ein Bedürfnis gefühlt, mich in einer fremden und großen Stadt zu bewegen. Einmal ist es ja meine Bestimmung, für eine größere Welt zu schreiben, meine dramatischen Arbeiten sollen auf sie wirken, und ich sehe mich hier in so engen, kleinen Verhältnissen, daß es ein Wunder ist, wie ich nur einigermaßen etwas leisten kann, das für die größere Welt ist.«

Erfurt, im Herbst 2004                                *Heinz Stade*

# Marbach

Schillers Geburtshaus in Marbach am Neckar

Marbach, die heute 14 000 Einwohner zählende Stadt hoch über dem Neckar, wurde von mehreren Kriegen heimgesucht. Vom Zweiten Weltkrieg aber blieb sie glücklicherweise weitgehend verschont, so daß sich ihr denkmalgeschützter Kern heute so darbietet, wie er nach der letzten Brandschatzung 1693 wiederaufgebaut worden war. Zur »anmutigen Lage des Orts an einer fruchtbaren Anhöhe des Neckars« (Caroline von Wolzogen) kommt die gedrungen-kleinstädtische, auf den heutigen Besucher Gemütlichkeit ausstrahlende Atmosphäre der von Fachwerkhäusern gesäumten Gassen rund um die Stadtkirche bis hinauf zum oberen Torturm.

Das 972 erstmals urkundlich erwähnte Dorf Marbach ist längst zum Mekka der nationalen und internationalen literarischen Welt und zum Ziel prominenter Politiker und deren Gästen geworden. So haben der Stadt u. a. König Wilhelm II. (1903), Königin Elisabeth II. (1965) und Bundespräsident Johannes Rau (2003) die Ehre erwiesen. Der Grund für das besondere Interesse war dem Feldscher, Wundarzt, Offizier und Gärtner in herzoglichen Diensten Johann Caspar Schiller in seiner überlieferten Lebensgeschichte zwei ebenso exakte wie lakonische Zeilen wert: »1759, den 10. November, ist mein Sohn Johann Christoph Friedrich zu Marbach geboren.« Zur Welt gebracht hatte ihn die Tochter des Marbacher Wirts zum »Goldenen Löwen«, Elisabeth Dorothea Schiller, geb. Kodweiß. Einen Tag nach der Geburt wurde Friedrich Schiller in der nahe gelegenen Stadtkirche getauft und ins Kirchenbuch eingetragen.

In Marbach wohnten seinerzeit weniger als 1 000 Menschen. Zweieinhalb Jahrhunderte später ist Marbach, wo Friedrich Schiller bis zu seinem vierten Lebensjahr zu Hause war, als Ort der Pflege des Schillerschen Erbes weltweit anerkannt.

Wie eingeklemmt steht das zweigeschossige Fachwerkhaus zwischen den Nachbarhäusern. Die äußerlich sichtbare Enge beherrscht auch das Innere des nach dem Stadtbrand von 1693 erbauten Gebäudes. Im Erdgeschoß des seit 1859 als Schiller-Museum fungierenden Hauses lebte die Familie von 1759 bis Anfang 1764. Im Stockwerk darüber wohnte der Vermieter, der Taschenmacher Ulrich Schöllkopf. 1837 kaufte der Bäcker Johann Georg Fischer das Haus und baute es um. Schillers Geburtszimmer ging teilweise in der Backstube auf. Als der Marbacher Schillerverein 1857 das Haus erwarb, befand sich in dem ehemaligen Geburtszimmer eine Schankstube. Nachfolgende Rekonstruktionen und Umbauten (zuletzt 1965) ermöglichen dem heutigen Besucher auf zwei Etagen einen weitgehend authentischen baulichen Eindruck jener Epoche, in welcher die Schillers in Marbach lebten. Höhepunkte des Rundgangs durch das Haus sind zirka 70 attraktive Realien aus dem Nachlaß Friedrich Schillers, darunter sein Taufhäubchen, ein Jäckchen des Zweijährigen, die Brieftasche, zwei Kaffeekannen, die ihm die Weimarer Großfürstin Maria Pawlowna geschenkt hatte, die Feder, mit der er zuletzt schrieb, und die Tabaksdose des Vaters. Den als Geburtszimmer Friedrich Schillers verbürgten Gedenkraum dominiert die Hermenbüste von Johann Heinrich Dannecker, die unter Verwendung der Gesichtspartien von Danneckers Gewandbüste (1794) unmittelbar nach Schillers Tod entstand.

»1749. Den 4t März reiste ich mit meinem eigenen Pferd von Borckel [in den Niederlanden] ab und kam den 14t des [selben Monats] in Marbach an. Ich kehrte in der Herberge zum goldenen Löwen ein, besuchte eine in Marbach wohnende Schwester, meine Mutter zu Murr und meine Geschwistrigte in Ludwigsburg, Bittenfeld und Neckarrems.« Wenige Monate nachdem er das notiert hatte, heiratete Johann Caspar Schiller am 22. Juli 1749 die siebzehnjährige Tochter des Löwenwirts. Die Schwiegereltern hatten sich in jenen Jahren offenbar finanziell verspekuliert, so daß er sich gezwungen sah, seine Stelle als Wundarzt zu Marbach gegen die eines Regimentsfuriers der Armee des Herzogs Carl Eugen einzutauschen. Da der Herzog ihm alsbald Diäten und Besoldung schuldete, mußte er in der Not den letzten Rest seines Vermögens, einen Weinberg in Marbach, verkaufen – den zu identifizieren bis heute nicht gelungen ist. Der »Goldene Löwe«, nur wenige Schritte von Schillers Geburtshaus entfernt, empfiehlt sich als Restaurant und Weinstube bis in die Gegenwart.

### *Evangelische Stadtkirche Niklastorstraße*

Hervorgegangen aus einer »Kapelle zu unserer lieben Frau«, wurde das seit 1534 zur Stadtkirche erhobene Gotteshaus bei dem Stadtbrand von 1693 zerstört, nur die Außenmauern blieben stehen. Unter deren Einbeziehung entstand die heutige Kirche mit ihrer spätgotischen Architektur und dem Renaissanceportal. Der Innenraum wurde in den 1960er Jahren umgestaltet. Die Stirnwand der Taufsteinseite schmückt seither eine Plastik, die den auferstandenen Christus mit Siegesfahne zeigt.

Denkmal auf der Schillerhöhe

Das parkähnliche Areal war einst eine Kiesgrube. Heute ist die »Schillerhöhe« ein Ort, der seinem Namen weltweit alle Ehre macht. 1903 als Museum für Schiller und die schwäbische Literatur eröffnet, hat das in seinem Stil an die Solitude erinnernde Gebäude seither eine beeindruckende Entwicklung und bis in die Gegenwart andauernde Erweiterung erfahren. Aus der Marbacher Schillerverehrung des 19. Jahrhunderts hervorgegangen, barg das seit 1921 als Schiller-Nationalmuseum firmierende Haus von Anfang an nicht nur ein Literaturmuseum, sondern auch ein Literaturarchiv, hatte also Bildung und Forschung zum Ziel. Und es war von Anfang an nicht allein Friedrich Schiller gewidmet, sondern der Literatur und Geistesgeschichte Südwestdeutschlands insgesamt. Bauliche Erweiterungen waren erforderlich, um der Dynamik des Sammelns entsprechen zu können. Im Marbacher Literaturarchiv werden inzwischen über 1 100 Schriftstellernachlässe, Archive literarischer Verlage und Zeitschriften sowie Gelehrtennachlässe aufbewahrt, die zu 80 Prozent aus der literarischen Moderne stammen. Seit 2003 entsteht auf der Schillerhöhe ein zweites Museumsgebäude, das »Literaturmuseum der Moderne«. Zu Schillers 200. Todestag wird es seine Pforten öffnen.

Im Blickkontakt zu allen erwähnten Gebäuden steht das Schiller-Denkmal von Ernst Friedrich Rau aus dem Jahre 1876. Bis in unsere Zeit blieb der Brauch lebendig, daß sich hier an Schillers Geburtstag Schulkinder zum vergnüglichen »Blumenwerfen« treffen.

# Lorch

Nach ihrer Ankunft in Lorch logierte die Familie Schiller
zunächst im Gasthaus zur Sonne

Die Geschichte der von viel Wald umgebenen und von Weinbergen gesäumten Stadt Lorch kennenzulernen ist auf einem Historischen Stadtrundgang möglich. Dabei stößt der Besucher auf beachtliche Spuren der Römer und gelangt in dem um 1100 gegründeten Kloster zur Grablege der Staufer. Vorbeischauen kann er auch bei Eduard Mörike, der hier einen für wenige Wochen geplanten Erholungsurlaub auf zwei Jahre ausdehnte. Selbstverständlich führt der Rundgang zu jenen Stätten, die mit dem Aufenthalt der Familie Schiller zwischen 1764 und 1766 in Verbindung stehen. Bestandteil der Route ist ein bis vor kurzem irrtümlich als Schiller-Stätte ausgegebenes Haus sowie das seit 1915 als Rathaus genutzte Gebäude, in dem Schillers Sohn Karl von 1841 bis 1850 als Oberförster amtierte.

Schillers Vater war zu Weihnachten 1763 als württembergischer Werbeoffizier in die Freie Reichsstadt Schwäbisch Gmünd versetzt worden, wohin ihm die Familie für kurze Zeit folgte. Da sich die Stadt als teures Pflaster erwies, siedelte die Familie Anfang 1764 in das unweit von Schwäbisch Gmünd liegende Dorf Lorch über, wo am 23. Januar Schillers zweite Schwester Louise Dorothea Katharina geboren wurde. Hier begann der Vater, sich mit Baumzucht zu beschäftigen, eine Tätigkeit, die er in Ludwigsburg* fortsetzte und später auf Schloß Solitude bei Stuttgart im großen Stil betrieb. Hand in Hand mit dem Vater ging Friedrich oft von Lorch nach Schwäbisch Gmünd und zurück. An seiner Seite lernt der Junge zum erstenmal Zeugen der Geschichte wie die Hohenstaufengräber kennen.

* Den mit Stern gekennzeichneten Orten ist ein eigenes Kapitel gewidmet.

Friedrich Schiller besuchte die Dorfschule. Ab dem sechsten Lebensjahr nahm er neben den täglich fünf bis sechs Schulstunden noch Unterricht in Latein und Griechisch bei Pfarrer Moser. In den »Räubern« setzte er ihm mit dem Geistlichen »Moser«, der dem Schurken Franz die Leviten liest, ein Denkmal. »Glaubt ihr, Gott wird es zulassen, daß ein einziger Mensch in seiner Welt wie ein Terrorist wütet und die ganze Ordnung auf den Kopf stellt?« hält Pastor Moser dem von einem Alptraum gepeinigten Franz vor.

*Stuttgarter Straße / Ecke Hauptstraße*
*Hotel Sonne, erste Wohnung der Familie*

Lorch liegt am Schnittpunkt der alten Handelsstraße Cannstadt–Nürnberg. Das Haus zur Sonne wurde nachweislich seit 1490, vermutlich aber schon früher als Ausspanne genutzt. Das heutige, im Laufe der Zeit mehrfach veränderte Gebäude stammt aus dem Jahre 1723. An der Eingangstür erinnert eine Inschrift daran, daß hier 1764 Friedrich Schiller mit seinen Eltern wohnte.

*Stuttgarter Straße 9*
*Zweite Wohnung der Familie*

Noch weist eine Tafel am Haus August-Wilhelm-Pfäffle-Straße 2 darauf hin, daß sich hier die zweite Wohnung der Familie Schiller befand. Jüngste Forschungen indessen haben das als Irrtum erwiesen und herausgefunden, daß die Schillers nicht hier, sondern im Obergeschoß des 1705/06 erbauten Hauses Stuttgarter Straße 9 wohnten. Ihr Vermieter war der Huf- und Waffenschmied Johann Michael Molt.

# Ludwigsburg

In der heutigen Stuttgarter Straße befand sich die zweite
Wohnung der Familie Johann Caspar Schiller in Ludwigsburg

Welch ein Wechselbad der Gefühle für den siebenjährigen Friedrich Schiller, als die Familie von dem beschaulichen Lorch* in die keine 50 Kilometer entfernte Residenzstadt Ludwigsburg umzog. Der Wechsel war erforderlich geworden, da der Vater, Johann Caspar Schiller, der eine mehrköpfige Familie zu versorgen hatte, wegen ausstehender Besoldung in immer stärkere finanzielle Bedrängnis geraten war. Mit der Rückversetzung zum Regiment in die Garnison Ludwigsburg erhoffte sich der Hauptmann zu Recht eine Verbesserung seiner Lage.

In der Barockstadt lernte der junge Schiller an der Lateinschule, aus der das nahe gelegene heutige Schiller-Gymnasium hervorging. Mit dem Vater besuchte er Vorstellungen im Opernhaus und improvisierte danach zu Hause eigene kleine Aufführungen. In der Stadtkirche auf dem Marktplatz wurde er konfirmiert, in Ludwigsburg auch seine Schwester Maria Charlotte geboren. Als Schüler brachte er zumeist gute Zeugnisse nach Hause, und das von den Eltern ins Auge gefaßte Studium der Theologie schien unter einem guten Stern zu stehen. Doch trat mit Beginn des Jahres 1773 eine jähe Wendung ein, als Friedrich Schiller auf Order des württembergischen Herzogs Carl Eugen in die Militär-Pflanzschule auf Schloß Solitude* eintreten mußte. Er tat es unglücklich und widerwillig. Als er elf Jahre später (1793) von Jena* aus für einige Monate nach Ludwigsburg zurückkehrte, erlebte er das pompöse nächtliche Begräbnis des Herzogs. Ein tolerant gewordener Schiller soll das Ereignis mit den Worten kommentiert haben: » Da ruht er also [...] dieser rastlos tätig gewesene Mann! Er hatte große Fehler als Regent, größere als Mensch, aber die ersten wurden von seinen großen Eigenschaften weit überwogen, und das Andenken an die

In der Stadtkirche auf dem Marktplatz
wurde Friedrich Schiller konfirmiert

letzten muß mit dem Toten begraben werden.« Seine Schwester hat von ihm die Worte überliefert: »Ach Gott, nun ist er auch dahin – ich habe ihm doch viel zu danken.«

Schillers zweiter Aufenthalt in Ludwigsburg von September 1793 bis März 1794 war zunächst nicht beabsichtigt. Die kurz vor der Niederkunft seiner Frau angetretene Reise ins Schwabenland galt der Erholung sowie dem Wiedersehen mit der Heimat und der dort lebenden Familie. »Die Liebe zum Vaterland ist sehr lebhaft in mir geworden, und der Schwabe, den ich ganz abgelegt zu haben glaubte, regt sich mächtig«, läßt er Freund Körner wissen und fügt hinzu, daß Thüringen das Land nicht sei, »worin man Schwaben vergessen kann«. War für »die schönen Aussichten, die ich vor mir habe«, zunächst Heilbronn anvisiert, wo ihm aber »alle häusliche Bequemlichkeit fehlte«, nahm er alsbald in dem bei Stuttgart und dem Schloß Solitude liegenden Ludwigsburg Quartier. »Die Stadt ist überaus schön und lachend, und ob sie gleich eine Residenz ist, so lebt man darin auf dem Lande« schrieb er am 15. September 1793 an Körner, keine Woche nach der Ankunft in Ludwigsburg und einen Tag nach der dortigen Geburt seines ersten Sohns Karl. Von den mit dieser Reise verbundenen Hoffnungen erfüllten sich nur wenige. Der regierende Herzog ignorierte den inzwischen bekannten Dichter, die alten Freunde und Bekannten interessierten Schiller kaum, überdies gab es »viele Tage, wo ich Feder und Schreibtisch hasse«, und das, obwohl er nie »reicher an Entwürfen zu schriftstellerischen Arbeiten« gewesen war. Das »elendste aller Hindernisse«, Krankheit und körperlicher Druck, verleideten ihm die Tage. Wenn er arbeitete, dann an der Abhandlung »Über die ästhetische Erziehung des Menschen« sowie an Prosa-Szenen zum »Wallenstein«-Thema. Allein in der Rücksicht gegen die Familie sah er im Dezember 1793 noch den »vornehmsten Anteil an meiner Hierherkunft«. Im März 1794 – gesundheitlich ging es ihm wieder besser – siedelte er nach Stuttgart über, und Mitte Mai meldete er sich in Jena zurück.

*Mömpelgardstraße 26*
*Schloß und erste Wohnung der Familie*
*Johann Caspar Schiller*

Das als größtes Barockschloß Deutschlands geltende, unter Herzog Eberhard Ludwig errichtete Schloß Ludwigsburg feierte 2004 sein 300jähriges Jubiläum. Eine prachtvolle Allee säumt bis heute den Weg in die einstige Residenz. In dem damals größten Theater Europas, dem prächtigen Opernhaus, erlebte Friedrich Schiller seine ersten Theater- und vor allem Opernaufführungen. Die Offiziere der Garnison und ihre Familien hatten zu den Vorstellungen freien Eintritt. Mit den Theaterbesuchen belohnte der Vater den schulischen Fleiß seines Sohnes.

In unmittelbarer Nähe des Schlosses befand sich in der Hinteren Schloßstraße, der heutigen Mömpelgardstraße 26, die erste Ludwigsburger Wohnung der Offiziersfamilie Schiller. Das nach dem Erzieher des Erbprinzen Friedrich Ludwig, Oberst von Mauckler, benannte stattliche Gebäude bewohnte zur selben Zeit der Militärarzt Reichenbach.

*Stuttgarter Straße 26*
*Zweite Wohnung der Familie Johann Caspar Schiller*

Das um 1760 von dem Hofbuchdrucker Christoph Friedrich Cotta, dem Onkel des berühmten Verlegers Cotta, erbaute Haus war der erste Neubau in der Karlstadt von Ludwigsburg. Das Gebäude, in dem die Schillers zwischen 1768 und 1773 wohnten, liegt heute an einer vielbefahrenen Hauptstraße. Daß sich auf dem Grundstück hinter dem Haus, wo noch zwei einstige barocke Wirtschaftsgebäude zu sehen sind, die erste Baumschule von Vater Schiller befunden haben soll, ist nicht mehr zu erkennen. Und doch war es so. Hier begann, was der spätere Hofgärtner auf Schloß Solitude bei Stuttgart im großen Maßstab betreiben würde, die Baumzucht: »Zwar ist nicht zu leugnen, daß seit etwa 40 Jahren in vielen Gegenden Deutschlands die Baumzucht so ziemlich in Aufnahme gebracht worden. [...] Nicht nur die Gärten in und um viele Städte und Dörfer, sondern auch Allgemein-Plätze und Landstraßen sind an vielen Orten mit Bäumen besetzt, und zeugen von den preiswürdigen Anstalten der Landesregenten und von dem Fleiße der Inwohner solcher Länder. Allein bei der Übersicht des Ganzen können gar wohl noch Millionen Bäume und besonders an den Haupt- und Landstraßen füglich Platz finden, und Deutschland zu den angenehmsten Garten bilden.« So enthusiastisch warb Johann Caspar Schiller in seinem Fachbuch »Die Baumzucht im großen« für sein Anliegen. Damals, in Ludwigsburg, war der Herzog auf die »grüne« Neigung seines Offiziers aufmerksam geworden. Als dieser 1775 die Leitung der Hofgärtnerei übernahm, brachte er aus Ludwigsburg 4000 Obstbäumchen mit. Bis zu seinem Tod im Jahre 1796 hatte sich der Bestand um das 25fache vergrößert, wovon die Obstbauern im Lande profitierten.

Vom Cotta-Haus in der Stuttgarter Straße zur Lateinschule hatte Sohn Friedrich etwa zehn Minuten zu gehen.

*Obere Marktstraße 1*
*Lateinschule*

Das 1723 unter Mithilfe verschiedener Ämter gebaute sogenannte Tübinger Amtshaus diente der Stadt als Kanzlei und Rathaus, bevor es ab 1767 als Lateinschule diente. Zusammen mit Friedrich Wilhelm von Hoven, dessen Familie mit im Cotta-Haus wohnte, und anderen Schülern absolvierte Schiller hier sommers von 7.00 bis 11.00 und 14.00 bis 17.00 Uhr sowie winters von 8.00 bis 11.00 und 14.00 bis 16.00 Uhr den Unterricht.

»Hier bin ich vortrefflich logiert und meiner Familie, meinen Freunden um ein gutes Teil näher«, hielt Schiller in einem Brief fest, den er Mitte September 1793 aus diesem Haus schrieb. Ein anderer ging zwei Wochen später an Charlotte von Kalb ab: »[...] vor 14 Tagen hat die Niederkunft meiner Frau [in diesem Haus] mit einem gesunden und munteren Sohn meiner Freude die Krone aufgesetzt. Mutter und Kind befinden sich beide sehr wohl, und ich bin wenigstens so glücklich, jetzt der einzige Kranke in meinem Hause zu sein.«

Im Areal von Schloß Solitude verbrachte Schiller
drei Jahre als Carlsschüler

Von Gerlingen (Kreis Ludwigsburg) aus führt eine kurven-reiche Panoramastraße hinauf zur württembergischen Sommerresidenz Solitude (»Einsamkeit«). Das Schloß wurde ab 1763 als Refugium für Herzog Carl Eugen gebaut. Mit ihren zahlreichen Nebengebäuden zählt die in waldreicher Umgebung gelegene, sommers wie winters besuchenswerte Gesamtanlage zu den herausragenden Architekturensembles des 18. Jahrhunderts in Süddeutschland. Sichtachsen offenbaren überraschende Landschaftspanoramen, zuweilen reicht der Blick bis an die Grenzen des schwäbischen Unterlandes. Eine 15 Kilometer lange, bis heute weitgehend erhaltene Allee verband das Schloß mit der Residenzstadt Ludwigsburg*. Die Festräume wie Weißer Saal, Musik- und Assembleezimmer sind im späten Rokoko und frühen Klassizismus ausgestattet.

Auf der Solitude gründete Herzog Carl Eugen die »Militärische Pflanzschule«, aus der später die als »Hohe Carlsschule« firmierende Universität hervorging. Berühmtester Schüler/Student der Einrichtung war Friedrich Schiller, der hier zunächst Jura und später Medizin studierte. Zwar wollte Schiller, um dieser Einrichtung zu entgehen, ein Theologiestudium absolvieren, das hier nicht angeboten wurde, doch es half nichts: Begleitet von seinem Vater, folgte der noch nicht 14jährige Friedrich, unglücklich und wider Willen, am 16. Januar 1773 der vom Herzog befohlenen Einberufung. Fortan fungierte anstelle der Familie des Jungen der »Vater« aller Landeskinder, Herzog Carl Eugen. Vielleicht war es Friedrich Schiller ein Trost, daß ihm auf Solitude, wo ihn ein streng reglementiertes Kasernenleben erwartete und Perückentragen wie Uniformzwang zum Alltag gehörten, Lehrer aus der Ludwigsburger Zeit wiederbegegneten, die er schätzte.

Nach den überlieferten Dokumenten läßt sich für die Schüler auf Solitude folgender Tagesablauf rekonstruieren: Aufstehen sommers 5 Uhr, winters 6 Uhr, danach Musterung, Rapport, Frühstück, danach Unterricht 7–11 Uhr, 11–12 Uhr Montursäubern und Musterung durch den Herzog. 12 Uhr Mittagessen, anschließend abteilungsweiser Spaziergang in Gegenwart von Aufsehern und erneut Unterricht von 14–18 Uhr. An eine Erholungsstunde von 18–19 Uhr schlossen sich Musterung, Rapport und Abendessen um 19.30 Uhr an. Schlafengehen war für 21 Uhr anberaumt. An Sonntagen waren größere Spaziergänge unter Aufsicht von Offizieren möglich. Besuche der Angehörigen wurden ebenso selten gestattet wie Urlaub. Ferien gab es keine.

Die Jahre auf der Solitude bescherten dem Heranwachsenden Lob und Tadel in munterem Wechsel. Strafbilletts wegen Unreinlichkeit oder Unaufmerksamkeit beim Tischgebet standen Zeugnisse wie jenes von Rittmeister Faber gegenüber, das Schiller nach fast einem Jahr »Militär-Pflanzschule« bescheinigte, »voll guten Willens« zu sein und »einen großen Trieb« zu haben, »etwas zu lernen, wegen seinem dissoluten und langsamen Wesen aber öfter Ermahnungen nötig« seien; allerdings erkenne er »seine Fehler gern und gibt sich Mühe, sie zu verbessern«. Der rasch in die Höhe schießende junge Mann war in jenen Jahren oft krank. Wo sich aber die Gelegenheit bot, so erinnerten sich Mitschüler später, widmete er die verbleibende freie Zeit »ausschließlich dem Studium poetischer Werke« wie Goethes »Leiden des jungen Werthers« und anderen Neuerscheinungen des Sturm und Drang. Anregungen von außen weckten in ihm erste Gedanken für sein Trauerspiel »Die Räuber«. Das auffallende literarische Interesse des Zöglings machten seine Lehrer für ungenügende Leistungen in den Hauptfächern der Schule verantwortlich. Diverse Klagen soll der Herzog allerdings abgewiesen haben: »Laßt mir diesen nur gewähren, aus dem wird etwas.«

An der Petruskirche Gerlingen erinnert eine Gedenktafel
an den Vater Johann Caspar Schiller und Schwester
Karoline Christiane

Ende des Jahres 1775 wurde die Militärakademie von der Solitude in das nahe gelegene Stuttgart\* verlegt. Während Friedrich samt den Mitschülern in Richtung Stuttgart marschierte, zogen seine Eltern auf die Solitude. Johann Caspar Schiller war infolge württembergischer Abrüstungsmaßnahmen aus dem Militärdienst entlassen und zum Chef der Herzoglichen Hofgärtnerei einschließlich der Oberaufsicht über alle Gartenanlagen, Baumpflanzungen und Forstschulen ernannt worden.

### Park und Schloß Solitude
*Wo die Eltern zu Hause waren und sich mit ihrem Sohn trafen*

Bauten, die an die »Militär-Pflanzschule« erinnern, sucht man in diesem riesigen Areal vergebens. Vorstellen muß man sich die Schul- und Internatsgebäude auf den jetzt freien Flächen hinter dem dominanten Schloß. Schon 1810 wurden die Gärten und die meisten Gebäude im Umfeld des Schlosses eingeebnet, nachdem bereits Vater Schiller etliche Gärten in Baumschulen umgewandelt hatte. An den Kavaliershäusern aber, die sich im Halbkreis um das Schloß gruppieren, ist man der Schillerschen Lebenswelt ganz nahe. In dem Häuschen mit der Nummer 16 wohnten seine Eltern während ihrer Zeit auf der Solitude. Da der Sohn von Stuttgart aus die Eltern oft besuchte, dürfte auch sein Aufenthalt in diesem Haus verbürgt sein.

### Petruskirche Gerlingen
*Gedenktafel für den Vater Johann Caspar und die Schwester Karoline Christiane*

Das am Fuße der Solitude gelegene und früher zu deren Gemarkung gehörende Städtchen Gerlingen ist als »Schillerstadt« kaum bekannt. Doch wer einmal hier gewesen ist,

Ein origineller Brunnen erinnert an Schillers Vater

bemerkt rasch, daß man sich hier dieses Erbes annimmt. Der 1988 entstandene Schillerbrunnen mit dem markanten Kopf von Schillers Vater Johann Caspar ist dafür der jüngste Beweis. Bereits 1908 hatte der »Verein für die Hebung des Fremdenverkehrs« auf der sogenannten Schillerhöhe oberhalb von Gerlingen eine Stele mit dem marmornen Reliefporträt des Dichters aufgestellt. Auf der Rückseite wurde 1953 eine Bronzetafel angebracht, die in Anlehnung an eine bekannte Zeichnung eines Mitschülers auf der Solitude den jungen Schiller zeigt, wie er in den Wäldern um Stuttgart Freunden aus seinen »Räubern« vorliest.

Das Streben, als »Schillerstadt« zu gelten, steht mit einer an der Chorfassade der Petruskirche angebrachten Gedenktafel im Zusammenhang: »Hier ruhen nebeneinander Friedrich Schillers Vater und Schwester, Johann Caspar Schiller [...] und Karoline Christiane [...]« Die Schwester Nanette, wie Schiller sie nannte, war am 23. März 1796 im Alter von 19 Jahren auf der Solitude (wo sie auch geboren worden war) an Typhus gestorben. Der Vater folgte ihr am 7. September desselben Jahres an den Folgen einer verschleppten Krankheit. Die Nachricht von seinem Tod erreichte den Sohn erst am 19. September in Jena*.

Schiller-Denkmal in der Nähe des Alten Schlosses

Jahrhundertelang stand das von Weingärten und Waldstük-
ken sowie im Norden vom Neckar gesäumte Stuttgart im
Schatten von Cannstatt, dem Platz des größten und wichtigsten Römerkastells im mittleren Neckarraum und Kno-
tenpunkt wichtiger Straßen. Zwischen 926 und 948 soll ein
schwäbischer Herzog in einer Talerweiterung des Nesen-
bachs einen »Stuotgarten«, also ein Gestüt, angelegt haben.
So kam die sich entwickelnde Siedlung und spätere Stadt zu
ihrem Namen. Seit 1495 überwiegend Residenzstadt, wurde
Stuttgart 1953 offiziell zur Hauptstadt des Landes Baden-
Württemberg erklärt. Die rund 588 000 Einwohner zählende
schwäbische Metropole erhielt ihr Gepräge durch weltberühmte Automobilwerke, Firmen der High Tech und Com-
puterbranche, zwei Universitäten, eine Kunstakademie und
weitere bedeutende Einrichtungen. Während des Zweiten
Weltkriegs kamen bei 53 Luftangriffen 4562 Menschen ums
Leben. Daß dabei auch mehr als die Hälfte der Bausubstanz
zerstört wurde, erschwert die Schiller-Spurensuche erheblich und fordert die Vorstellungskraft heraus.

Beim Gang durch die von Theodor-Heuss-Straße, Tor-
straße, Hauptstätter Straße, Konrad-Adenauer-Straße und
Schillerstraße gerahmte Innenstadt bewegt man sich in etwa
in dem Areal, das Schillers Lebenszirkel während seiner
Stuttgarter Zeit umreißt. Zwar ist die Geschichte der Stadt
auch im modernen Stuttgart an manchen Straßen und einigen Gebäuden ablesbar. Aber selbst bei repräsentativen
Bauten wie dem aus einer Wasserburg entstandenen Alten
Schloß am Schillerplatz oder dem zwischen 1746 und 1807
erbauten Neuen Schloß am Schloßplatz handelt es sich um
nach dem Krieg wiederaufgebaute Kopien der weitgehend
zerstörten Originale.

Im November des Jahres 1775 wurde die Militärakademie von der Solitude* in das nahe gelegene Stuttgart verlegt. Fünf Jahre später verließ Friedrich Schiller die Einrichtung als diplomierter Mediziner. Bis zu seiner Flucht aus Stuttgart im September 1782 verdiente er sein als enttäuschend gering empfundenes Anfangsgehalt von monatlich 18 Gulden als Regimentsarzt. Im März 1794 weilte der längst berühmte Dichter noch einmal für sieben Wochen in der Stadt.

Die Jahre auf der Carlsschule und als Regimentsarzt machten aus dem zuweilen unbeholfenen Eleven einen selbstbewußten jungen Mann. Hier geschlossene Freundschaften – teils von Dauer, teils nach kurzer Zeit radikal abgebrochen – beeinflußten seine Entwicklung ebenso wie einige der von ihm geschätzten Professoren und manch ein militärischer Vorgesetzter. Wiewohl Stuttgart zu jener Zeit eine Provinzstadt war, konnte man hier freier atmen und sich ungezwungener bewegen als auf der Solitude. Auch war es leichter, an neueste literarische Texte heranzukommen, woran Schiller außerordentlich interessiert war, zumal sich seine eigene schriftstellerische Produktion bereits zu entfalten begann. An der Schule und bei Hofe war dies nicht verborgen geblieben, so daß ihm für passende Gelegenheiten und wiederkehrende Anlässe kleinere Aufträge erteilt wurden.

Was Schiller aber mit immer stärkerem Engagement vorantrieb, waren seine »Räuber« und später der »Fiesko«. Die Federzeichnung eines Mitschülers aus dem Jahre 1778 zeigt ihn, umgeben von mehreren Akademiefreunden, in einem Wald bei Stuttgart, wie er der Runde aus den »Räubern« vorliest. Gegen Ende des Jahres 1780 – der »Eleve Schiller« stand kurz vor dem Abschluß der Schule und dem Beginn seiner Tätigkeit als Regimentsarzt – schrieb er an den ein Jahr früher aus der Carlsschule entlassenen, jetzt in Stuttgart als Unterbibliothekar arbeitenden Johann Wilhelm Petersen einen Brief. Darin bittet er den Freund, ihm bei der Suche nach einem Verleger für das Trauerspiel »Die Räuber« behilflich zu sein. Zu dem Brief bewegt hatte ihn » jener allgewaltige Mammon, dem die Herberge unter meinem Dache gar nicht ansteht – das Geld. [...] Der zweite Grund ist, wie leicht zu begreifen, das Urteil der Welt, dasjenige, was ich und wenige Freunde mit vielleicht übertrieben günstigen Augen ansehen, dem unbestochenen Richter, dem Publikum preiszugeben.« Da ein kaufwilliger Verleger nicht aufzutreiben war, ließ Schiller sein Stück im Selbstverlag drukken, ohne Angabe des Autors und des Erscheinungsortes. Der dafür aufgenommene Kredit begründete jene Schuldenlast, die ihn noch sehr lange drücken sollte. Buchhändler Schwan in Mannheim* erhielt zunächst die Druckbogen und dann eines der 800 fertigen Exemplare, entdeckte das dramatische Talent darin und empfahl es dem Intendanten des Mannheimer Nationaltheaters, Dalberg, der seinerseits Schiller im Sommer brieflich ersuchte, eine Bühnenfassung herzustellen. Der Dichter reagierte überschwenglich und versicherte Dalberg, daß ihm der »Glanz des Mannheimer Theaters«, dieses »Paradies der Muse«, schon immer angezogen habe. Zu gern würde er es höchstpersönlich in Augenschein nehmen und sich dabei ein Bild machen »von den Herren Schauspielern und dem Nonplusultra der Theatermechanik«. Dies um so mehr, als sich das Stuttgarter Theater, das Schiller von verschiedenen Aufführungen her kannte, noch »im Stand der Minderjährigkeit« befände. Am 13. Januar 1782 wurden die »Räuber« in Mannheim uraufgeführt; der Autor war inkognito anwesend. Als der letzte Vorhang fiel, war aus dem schwäbischen Regimentsarzt ein deutscher Literatur- und Bühnenstar geworden.

Die Reise in das »ausländische« Mannheim hatte Schiller ohne Erlaubnis angetreten. War das an sich schon ein Vergehen, so rief die als »Graubündener Protest« überlieferte Beschwerde/Intrige über ein inhaltliches Detail des Stücks den Herzog auf den Plan. Schiller bekam 14 Tage Arrest, zudem wurde ihm jede literarische Tätigkeit außer der auf dem Gebiet der Medizin untersagt. Das mußte früher oder später zur Konfrontation führen. Schiller, das Beispiel des auf der Festung Hohenasperg (bei Ludwigsburg) eingesperrten Dichters und Musikers Christian Friedrich Daniel Schubart vor Augen, beugte nach vergeblichen »Bittschriften« an den Herzog Schlimmerem vor: In der Nacht vom 22. zum 23. September 1782, während der Hof mit Gästen u. a. aus Rußland auf der Solitude ein rauschendes Fest feierte, fuhr Friedrich Schiller alias Dr. Ritter mit der Kutsche durch das Eßlinger Tor und floh auf diesem Wege aus Stuttgart. Begleitet wurde er von seinem Freund, dem Musiker Andreas Streicher alias Dr. Wolf. Ihr Ziel war Mannheim. Sollte es dort Schwierigkeiten geben, so konnte Schiller auf das Angebot der Frau von Wolzogen zurückkommen, im Notfall seine Zuflucht auf ihrem Gut Bauerbach* bei Meiningen* zu nehmen.

*Schloßplatz / Neues Schloß*
*Wo Schiller ausgebildet wurde, erstmals Goethe sah*
*und einen toten Freund betrauerte*

Umrundet man das zwischen 1958 und 1964 wiederaufgebaute Neue Schloß mit dem Schloßplatz und dem hinter dem Schloß gelegenen Akademiegarten, so befindet man sich auf jenem Gelände, auf welchem seinerzeit die alten Kasernen standen, in denen seit dem Umzug von der Solitude die »Militär-Pflanzschule« ihr Domizil hatte. Hier erfuhr der Carlsschüler Friedrich Schiller Freud und Leid, hier sah er zum erstenmal den damals schon berühmten Johann Wolfgang Goethe. »Der Herzog von Weimar und Goethe waren mit der Rede [...] welche unser Herzog jedesmal nach dem Schlusse der [öffentlichen] Prüfungen in dem Speisesaal nach dem Abendessen zu halten pflegte [...], sowie überhaupt mit der ganzen Feierlichkeit, wohl zufrieden«, hielt Friedrich Wilhelm von Hoven in seiner Autobiographie unter Sonntag, dem 12. Dezember 1779, fest. Auf ihrer Rückreise von der Schweiz hatten Goethe und der Herzog in Stuttgart Station gemacht, um das Jubiläum der »Militä-

Innenhof des aus einer Wasserburg
entstandenen Alten Schlosses

rischen Pflanzschule« sowie die »Examina in der Militär Schule mit an[zu]sehen«, wie Carl August seiner Frau in Weimar kundtat. Von Hoven reflektierte den Aufenthalt der beiden Herren u. a. mit folgender Beobachtung: »Am Mittag speiste er [Goethe] mit dem Herzog von Weimar an der herzoglichen Tafel, und am Abend fanden sich beide in dem Saale ein [Weißer Saal im Neuen Schloß], wo die Austeilung der Preise an die Zöglinge vorgehen sollte. [...] bei einer darin [in einer der Reden] vorgekommenen Stelle aus dem WERTHER Goethe sichtbar errötete und die Augen niederschlug.« Während der Preisverleihung standen Goethe und der Weimarer Herzog links und rechts von ihrem Gastgeber, und es war – nach von Hoven – »hoch erfreulich für uns zu sehen, wie sehr ihn der Herzog distinguierte«.

Kein halbes Jahr später verlor Friedrich Schiller einen seiner besten Freunde, der schon in Ludwigsburg mit ihm die Schule besucht hatte und auch in Stuttgart sein Mit-Eleve war, Christoph August von Hoven. Der Tod des Neunzehnjährigen stürzte ihn in düsterste Gedanken, wie merkwürdig zu lesenden Briefen an den Vater des Toten sowie an seine Schwester Christophine zu entnehmen ist. »O meine gute Schwester was Dein empfindungsvolles Herz – was die zärtliche Mutter – was ach was mein ehrwürdiger mein bester Vater, [...] gelitten haben würden, wenn ich der einzige Sohn und Bruder an dieser [des Toten] Stelle gewesen wäre, und doch, doch hätte es ja seyn können, kann es vielleicht noch seyn, dass ihr die Freude nicht mehr erlebt mich aus der academie treten zu sehen [...]. Ich freu mich nicht mehr auf die Welt, und ich gewinne alles, wenn ich sie vor der Zeit verlaßen darf.«

*Eberhardstraße 63 (vormals Langer Graben)*
*Wohnung des Regimentsarztes Friedrich Schiller*

Der hohe Turm einer Zeitungsredaktion markiert etwa das
Grundstück, auf welchem das Haus stand, in dem sich Schiller zusammen mit einem Mitschüler im Februar 1781 einmietete. Ein Tisch, zwei Bänke, zwei Feldbetten und ein
Ofen – mehr soll in dem Parterrezimmer nicht gestanden
haben. In diesem Umkreis genoß der frischgebackene Absolvent der Militärakademie gemeinsam mit seinen Freunden das freie Leben. Das PS unter einem Brief an Petersen:
»Höre, Kerl! wenn's reüssiert. Ich will mir ein paar Bouteillen Burgunder darauf schmecken lassen«, läßt einiges
ahnen. Zum Feiern traf man sich in der heute nicht mehr
vorhandenen »Goldenen Gabel« in der Hauptstätter Straße;
fehlte das nötige Geld, fand man sich in Schillers Zimmer
zusammen.


*Zwischen Stiftskirche, Rathaus und Untertürkheim*
*Zu Besuch bei alten und neuen Freunden*

Als Schiller im März 1794 von Ludwigsburg* aus für sieben
Wochen nach Stuttgart kam, war ihm das Wiedersehen mit
der Stadt nach über einem Jahrzehnt offenbar ein angenehmes Erlebnis. In der Augustenstraße (wo er wohnte), in der
Stiftstraße und in der Schulstraße standen die Häuser, in denen er ein und aus ging, um Freunde zu treffen und geistigen und künstlerischen Austausch zu pflegen. So gewann er
während dieses Aufenthaltes auch Cotta als seinen Verleger.
An manchen neuen Gebäuden zwischen Stiftskirche und
Rathaus erinnern Gedenktafeln an die hier einst lebenden
Persönlichkeiten, denen Schiller in diesen Wochen begegnete. Der kunstsinnige Kaufmann Gottlob Heinrich Rapp,
dessen Schwiegersohn Johann Heinrich Dannecker an
einer Büste des Dichters arbeitete, oder Schillers späterer

Verleger Johann Friedrich Cotta gehörten dazu. Mit letzterem unternahm er Anfang Mai, kurz vor seiner Rückreise nach Jena*, einen Ausflug nach Untertürkheim (heute größtenteils ein Gewerbegebiet), um gemeinsam Pläne zu schmieden.

# Oggersheim

Schiller und sein Freund Andreas Streicher
fanden im »Viehhof« Quartier

Die Gedanken bei dem entstehenden Stück »Luise Millerin«
(später in »Kabale und Liebe« umbenannt), die Füße auf der
Flucht von Stuttgart* nach Mannheim* – so haben Schillers
Tage zu Beginn des Herbstes 1782 ausgesehen. Am 22. September begaben sich Schiller und sein Freund Andreas Streicher teils mit der Kutsche, teils mit dem Dampfschiff und
sehr viel zu Fuß über Schwetzingen, Darmstadt, Frankfurt,
Mainz und Worms nach Oggersheim. In dem nur wenige
Kilometer von Mannheim entfernten Ort hatte der Schauspieler und Regisseur am Mannheimer Theater, Meyer,
auf Bitten der beiden ein günstiges Quartier, das Gasthaus
»Viehhof«, ausfindig gemacht. Er war es auch, der die
Freunde am Nachmittag des 13. Oktober 1782 hier empfing, wo sie als Dr. Schmidt (Schiller) und Dr. Wolf (Streicher) in einem Eckzimmer des Obergeschosses unterkamen.
Noch unterwegs hatte sich Schiller von Intendanten Dalberg postalisch einen Vorschuß für seinen »Fiesko« erbeten.
Mit der Begründung, das Stück bedürfe noch der Umarbei-
tung, lehnte Dalberg jedoch ab. Entsprechend deprimiert
verliefen die Tage in Oggersheim. Schiller stürzte sich in die
Arbeit, die »Millerin« nahm konkrete Formen an, und auch
den umzuarbeitenden »Fiesko« hatte er bei der Hand. Indessen vermehrten sich die Kreidestriche auf der Anschrei-
betafel des Wirts. Auch daß sich Schiller von seiner Uhr
trennte, änderte nichts an der bedrückenden Lage. Über all-
dem schwebte die Ungewißheit, ob der württembergische
Herzog dem Flüchtigen nachsetzen lassen würde oder es bei
dem derzeitigen Austausch von Briefen mit vagen Zusiche-
rungen einer Rückkehr nach Stuttgart bleiben würde. Ver-
stärkt wurde das Gefühl der Angst, als sich in Mannheim
ein württembergischer Offizier nach Schiller erkundigte –

von dem sich später herausstellte, daß es ein Stuttgarter Freund Schillers gewesen war.

Die Briefe, die Schiller von Oggersheim aus schrieb, täuschten den Empfängern ein anderes Leben vor. So erfuhr die »teuerste Schwester« Christophine Anfang November, daß der Bruder auf einer Reise nach Berlin sei, »wo es mir in mehr als einem Fach nicht fehlschlagen kann, wo, nach dem einstimmigen Urteil aller Menschen, denen ich meine Umstände vorlegte, mein Glück aufgehoben sein muß. Auch ist es möglich [...], daß ich nach Petersburg gehe.« Die Wirklichkeit sah Ende des Monats anders aus: Der Mannheimer Theaterausschuß lehnte nicht nur den überarbeiteten »Fiesko« sondern auch jedes Honorar dafür ab. Mit dem Erlös aus dem Verkauf des Stückes an Buchhändler Schwan in Mannheim konnten nur die allerdringendsten Schulden in Oggersheim beglichen und ein kleines Reisegeld aufgebracht werden. Am 30. November 1782 verließ der in Stuttgart als Deserteur Gebrandmarkte, von Mannheim enttäuscht und noch immer auf der Flucht, sein Domizil. Sein Ziel war das zu Sachsen gehörende Dörfchen Bauerbach* in Thüringen. Ein halbes Jahr später war er wieder in Mannheim und besuchte offenbar auch den »Viehhof«. An Henriette von Wolzogen schrieb er: »In dem Wirtshaus, wo ich im vorigen Jahr sieben Wochen gewohnt habe, bin ich auf eine Art empfangen worden, die mich recht sehr gerührt hat. Es ist etwas Freudiges, von fremden Leuten nicht vergessen zu werden.«

»In diesem Hause wohnte Friedrich v. Schiller, der Dichtkunst in erwünschter Verborgenheit lebend«, so heißt es auf einer 1856 an der Fassade des »Viehhofs« angebrachten Tafel. Das um 1750 im Zentrum des Ortes erbaute stattliche Gebäude wurde am 9. November 1959 – einen Tag vor Schillers 200. Geburtstag – als Schillergedenkstätte der Öffentlichkeit übergeben. Da Oggersheim 1938 nach Ludwigshafen eingemeindet wurde, ist die einstige Herberge (in der sich auch Hölderlin aufhielt) heute eine Außenstelle des dortigen Stadtmuseums. Zwei der museal ausgestatteten Räume erinnern an Schillers Aufenthalt. Ausgestellt ist u. a. eine vollständige Sammlung der Erstausgaben von Schillers Werken. Von dem Mobiliar jener Zeit ist nichts mehr erhalten. Den Wirren der Zeit fiel auch das Klavier zum Opfer, auf dem Streicher spielte, wie er in seinen Erinnerungen berichtet: »Wenn die Dämmerung eintrat, wurde Schillers Wunsch erfüllt, währenddem er im Zimmer, das oft bloß durch das Mondlicht erleuchtet war, mehrere Stunden auf und ab ging und in vernehmliche begeisterte Laute ausbrach.«

# Mannheim

Schiller-Denkmal in der Nähe des einstigen Theaters

Das von Rhein und Neckar umflossene Mannheim ist die Stadt der Quadrate. Gehen die Einheimischen am Ende eines Tages noch ein wenig spazieren, so gehen sie »ums Quadrat«. Seit Jahrhunderten kommt die Innenstadt nahezu vollständig ohne Straßennamen aus. Der wie ein Schachbrett angelegte Grundriß erlaubt ein lediglich mit Buchstaben und Zahlen markiertes, genaugenommen in Rechtecke aufgeteiltes Straßensystem, das den Fremden anfangs verwirrt, sich aber schließlich doch als einfach handhabbar erweist. So wohnte Schiller, der hier sein Quartier mehrfach wechselte, etwa von Juli bis Oktober 1783 in einem Haus, dessen Postanschrift heute L 2,1 lauten würde. Wer jetzt das Wohnhaus des damaligen Theaterintendanten Wolfgang Heribert Reichsfreiherr von Dalberg aufsuchen möchte, der wird das stattliche Gebäude unter der Anschrift N 3, 4 – also Hausnummer 4 im Quadrat N 3 – finden.

Das 766 erstmals im »Lorscher Codex« erwähnte Mannheim war 1720–1778 Residenz der Kurfürsten von der Pfalz. Nach mehrfacher Zerstörung gelangte es 1802 an Baden. Als Schiller 1782 inkognito in Mannheim die Uraufführung seiner »Räuber« miterlebte, war der Glanz der Stadt als bedeutende europäische Kulturstadt bereits am Verblassen, verursacht durch den Wechsel der Residenz nach München. Auch die Hofkapelle, die den schon berühmten Wolfgang Amadeus Mozart für einige Zeit in die Stadt gelockt hatte, zog mit um. Geblieben waren Dalberg und sein Theater, dessen hochgelobte Schauspieler zumeist durch die Schule des Gothaer Intendanten Konrad Ekhof gegangen waren. Ihre Leistung bewertete Schiller mitunter ganz anders. Am 19. Januar 1785 schrieb er nach einer Aufführung von »Kabale und Liebe« erbost an Dalberg: »Es ist das kleinste Merkmal der

Achtung, das der Schauspieler dem Dichter geben kann, wenn er seinen Text memoriert. Auch diese kleine Zumutung ist mir nicht erfüllt worden. Es kann mir Stunden kosten, bis ich einem Perioden die bestmöglichste Rundung gebe, und wenn das geschehen ist, so bin ich dem Verdrusse ausgesetzt, daß der Schauspieler meinen mühsam vollendeten Dialog nicht einmal in gutes Deutsch verwandelt. Seit wie lang ist es Mode, daß Schauspieler den Dichter schulmeistern?«

»Endlich bin ich in Mannheim! Matt und erschöpft kam ich gestern abend hier an, nachdem ich vormittags früh noch in Frankfurt* gewesen«. An seine Gönnerin Henriette von Wolzogen, die ihn ob seines laxen Umgangs mit Geld alsbald einen »leichtsinnigen Verschwender« nennen wird, schrieb dies ein gleichermaßen glücklicher wie erwartungsvoller Schiller am 28. Juli 1783. Jetzt war er nicht mehr auf der Flucht wie während der früheren Mannheimer Aufenthalte. Das ein halbes Jahr währende »Asyl« Bauerbach* hatte er hinter sich lassen können mit der Aussicht, Bürger Mannheims zu werden und am berühmten Theater der Stadt als Hausautor verpflichtet zu werden – ohne jede Furcht vor Nachstellungen und ohne unter falschen Namen leben zu müssen. Als »Dr. Richter« und »Dr. Schmidt« war der Regimentsarzt Schiller in den zurückliegenden anderthalb Jahren mehrfach unerlaubt in Mannheim bzw. im nahen Oggersheim* gewesen. Seine Hoffnungen ruhten in dieser Zeit ganz auf Dalberg. Den Kontakt hatte der Mannheimer Hofbuchhändler Christian Friedrich Schwan hergestellt, der Dalberg die Aufführung der »Räuber« empfahl. Schillers hochfliegende Erwartungen erfüllten sich nur in bescheidenem Maße. Die Furcht, Schillers Flucht von Stuttgart nach Mannheim könne diplomatische Verwicklungen nach sich ziehen, ließ Dalberg nur sehr vorsichtig agieren. Als Praktiker wollte und mußte er Zeit gewinnen, um sicher zu sein, daß er einen Kontrakt mit Schiller ohne politische Bedenken eingehen konnte. Der von Schiller überaus ernst genommene, liebenswürdig-verbindliche Hofmann Dalberg hielt den kranken und hochverschuldeten Dichter schlichtweg hin. Wären nicht Freunde wie der ihn bis Mannheim begleitende Andreas Streicher oder der Buchhändler Schwan und das Vermieter-Ehepaar Hölzel gewesen, wer weiß?

»Ich kann nicht mehr in Mannheim bleiben. […] Ich habe keine Seele hier, keine einzige die die Leere meines Herzens füllte, keine Freundin, keinen Freund […]. Mit dem Theater habe ich meinen Kontrakt aufgehoben, also die ökonomische Rücksicht meines hiesigen Aufenthalts bindet mich nicht mehr. […] der Gedanke an meine Abreise macht mir Mannheim zu einem Kerker, und der hiesige Horizont liegt schwer und drückend auf mir wie das Bewußtsein eines Mordes. – Leipzig* erscheint meinen Träumen und Ahndungen wie der rosichte Morgen jenseits den waldichten Hügeln«, bekannte er in einem »kolossalen« Brief an Gottfried Körner im Februar 1785. Am 9. April 1785 bestieg er die teure Extra-Post Mannheim–Leipzig.

Obwohl Schiller geradezu inbrünstig alles darangesetzt hatte, vom württembergischen Stuttgart* in das damals im kurpfälzischen »Ausland« gelegene Mannheim zu entkommen und die Aufenthalte dort tatsächlich »Epoche« in seinem Leben machten, präsentiert sich Mannheim heute nicht als Schiller-Stadt. Ein aktueller 12seitiger touristischer Führer der 326 000 Einwohner zählenden Stadt erwähnt unter über 20 Sehenswürdigkeiten nur zwei, die mit Schiller in Zusammenhang zu bringen sind: das Dalberg-Haus und das nach dem Zweiten Weltkrieg an anderer Stelle wiedererrichtete Nationaltheater. Hauptursache für das Fehlen authentischer Schillerstätten ist die schwere Zerstörung der Stadt im Zweiten Weltkrieg. So lassen sich heute zwar die Grundstücke noch auffinden, auf denen einschlägige Gebäude standen, meistens aber sind sie mit modernen Wohn- und Geschäftshäusern bebaut. In Mannheim unterwegs zu Schiller zu sein, das erfordert die ganze Vorstellungskraft. Ein Rundgang, wissenschaftlich fundiert und den örtlichen

Gegebenheiten angepaßt, ist im Entstehen. Rund zwei Dutzend Objekte (Grundstücke), die direkt oder indirekt mit Schillers Aufenthalten in Verbindung zu bringen sind, haben Mitarbeiter der Reiss-Engelhorn-Museen bisher ermittelt. Die folgende Auswahl orientiert sich an heutigen touristischen Gepflogenheiten.

## B 3 Schillerplatz
*Standort des ehemaligen Nationaltheaters, des Restaurants*
*»Zum Zwischenakt« und der Gaststätte »Zum fliegenden*
*Holländer«*

Die mächtige barocke Jesuitenkirche dominiert den Platz, dessen Umgestaltung in Planung ist. Ihr gegenüber stand bis zu seiner Zerstörung am 5. September 1943 das Mannheimer Nationaltheater. Errichtet hatte es der Architekt Lorenzo Quaglio durch den Umbau des einstigen Zeug- und Schütthauses. Die erste Aufführung des Dalberg-Ensembles in diesem Haus fand am 7. Oktober 1779 statt. Wenige Jahre später, am 13. Januar 1782 um 17 Uhr, hob sich hier der Vorhang zur Uraufführung der »Räuber« in einer von Dalberg in das Spätmittelalter verlegten Bühnenfassung. Dies geschah entgegen Schillers Wünschen. »Wenn ich Ihnen auf die Frage: ob das Stück nicht mit Vorteil in spätere Zeiten zurückgeschoben werden könnte, meine unmaßgebliche Meinung sagen darf, so gesteh ich, ich wünschte diese Veränderung nicht. Alle Charaktere sind zu aufgeklärt, zu modern angelegt, daß das ganze Stück untergehen würde, wenn die Zeit, worin es geführt wird, verändert würde«, ließ er Dalberg noch zwei Monate vor der Uraufführung wissen. Das Publikum war in so großer Zahl angereist – aus Darmstadt, Frankfurt, Mainz, Worms, Speyer – , daß »eine große Menge abgewiesen« werden mußte, wie Schiller in der von ihm verfaßten, jedoch anonym im »Wirtembergischen Repertorium« veröffentlichten Besprechung schrieb. »Das Stück spielte ganze vier Stunden,

Auch Friedrich Schiller soll das damalige Theaterrestaurant
»Zum Zwischenakt« gern besucht haben

und mich deucht, die Schauspieler hatten sich noch beeilt. […] Im ganzen genommen tat es die vortrefflichste Wirkung.« Der Ton aller zeitgenössischen Veröffentlichungen war der gleiche: Schillers »Räuber« waren das Ereignis der laufenden Saison. Die Uraufführung mitzuerleben war dem Autor nur unter widrigen Umständen möglich. Zusammen mit seinem Freund Andreas Streicher war er ohne Urlaubsgenehmigung von Stuttgart nach Mannheim gekommen, das er nach der Premierenfeier wieder verlassen mußte. Vier Tage nach dem denkwürdigen Ereignis schrieb er an Dalberg: »Mein kurzer Aufenthalt in Mannheim verstattete mir nicht, ins Detail meines Stücks und seiner Vorstellung zu gehen, und weil ich nicht alles sagen konnte, weil mir die Zeit zu sparsam abgewogen, und mein Inkognito zu streng war, so hielt ich es für besser, noch gar nichts zu sagen. Beobachtet hab ich sehr vieles, sehr vieles gelernt, und ich glaube, wenn Teutschland einst einen Dramatischen Dichter in mir findet, so muß ich die Epoche von der vorigen Woche zählen.«

Zwischen einer Tafel, die an den Standort des alten Theaters erinnert, und dem 1862 von Carl Cauer geschaffenen Schiller-Denkmal befindet sich die Gaststätte »Zum Zwischenakt« (heute »Flic Flac«). In diesem Haus wurden während der Vorstellungspausen die Theaterbesucher mit Essen und Trinken versorgt. Man nimmt an, daß auch Schiller hier ein und aus gegangen ist.

In unmittelbarer Nachbarschaft, in dem noch heute aus dem 18. Jahrhundert erhaltenen Haus B 2 14, wohnte vermutlich in späteren Jahren auch der bei der Uraufführung als Franz Moor gefeierte Schauspieler August Wilhelm Iffland.

Schillers bevorzugte Weinschenke »Zum fliegenden Holländer«, ein noch heute unter demselben Namen vorhandenes Lokal, ist ebenfalls unschwer zu erreichen. Eine Laube im Hof soll sein Lieblingsplatz gewesen sein. Der Name der Gaststätte nimmt gleichfalls Bezug auf den ehemaligen Standort des Nationaltheaters sowie auf die mehrmaligen Besuche Richard Wagners in Mannheim.

Der Paradeplatz ist das belebte Zentrum der Stadt. Hier kreuzen sich die Hauptgeschäftsstraßen »Planken« und »Breite Straße«. Auf den Stufen des anstelle des früheren Kaufhauses 1991 eröffneten Stadthauses sitzend, hat man jenes Areal im Blick, das auch zu Schillers Zeiten die geschäftige Mitte gewesen ist. Allerdings war auch dieses gesamte Quadrat im Krieg zerstört und danach wiederaufgebaut worden.

Vermutlich in der Dachwohnung eines heute von der Hauptpost überbauten Eckhauses fand Schiller im September 1782 nach seiner Flucht aus Stuttgart eine erste, maximal zehn Tage während Unterkunft. Da mit diesem »notwendigen plötzlichen Aufbruch« seine »völlige Trennung von Vaterland und Familie nunmehr entschieden« war, plagten ihn zugleich schwere finanzielle Sorgen, wie einem um Vorschuß ersuchenden Brief an Dalberg zu entnehmen ist: »Ich ging leer hinweg, leer in Börse und Hoffnung. Es könnte mich schamrot machen, daß ich Ihnen solche Geständnisse tun muß, aber ich weiß, es erniedrigt mich nicht. [...] Noch ist es mir gänzlich unmöglich, mit dem Geiste zu arbeiten. Ich habe also gegenwärtig auch in meinem Kopf keine Ressourcen.« Dalberg entsprach der Bitte nicht.

Der damalige »Pfälzische Hof« war, was man ein erstes Haus am Platze zu nennen pflegt. In diesem Hotel war 1777/78 Mozart abgestiegen, und hier trank Schiller mit Freunden seinen Wein. Am Paradeplatz befanden sich auch die von Schiller vielbeanspruchte Postmeisterei (Briefpost) und eines der Geschäfte des Schiller sehr wohlgesonnenen Buchhändlers Schwan: »Bei Dalberg speise ich öfters und bei Schwan – zwei Häusern, wo ausgesuchte Gesellschaft ist [...].« Die Schwansche Hofbuchhandlung, in deren Lesekabinett sich Schiller oft zurückzog, befand sich auf dem heute mit einem Discounter überbauten Grundstück H 1, 12.

Auch dieses stattliche Haus wurde im Zweiten Weltkrieg bis auf die Fassade zerstört und ist 1961 originalgetreu wiederaufgebaut worden. Hier wohnte von 1782 bis zu seinem Tod Wolfgang Heribert Freiherr von Dalberg (1750–1806), der erste Intendant des Mannheimer Nationaltheaters. Die Dalbergs führten ein offenes Haus, vor allem der Salon der Dame des Hauses war Treffpunkt der vornehmen Gesellschaft. Schiller war hier oft zu Gast, hier wurde auch der Kontrakt zwischen dem Intendanten und seinem späteren Hausautor geschlossen, wie aus einem Brief an Henriette von Wolzogen hervorgeht: »Sie erinnern sich, meine Beste, daß ich Ihnen mein Ehrenwort gegeben, mich nicht selbst anzubieten und in keinem Fall den ersten Schritt zu einem Engagement zu tun. Ich gebe Ihnen jetzt mit aller Freudigkeit eines reinen Gewissens dieses mein Ehrenwort wieder, daß ich mein Versprechen gehalten. Dalberg selbst kam mir mit dem Antrag entgegen, dass ich hierbleiben sollte. Er stellte mir frei, auf wie lang ich mit dem Theater akkordieren und was ich für meine Verwendungen fordern wollte. […] Ich entschied also für die Anerbietungen Dalbergs, und vor ohngefähr 3 Wochen, wo ich bei ihm an Tafel war, wurden wir richtig.«

Auf dem Platz vor dem Dalberg-Haus, in dem sich heute die Städtische Musikbibliothek befindet, erinnert ein ehemals auf dem Schillerplatz befindliches Bronzedenkmal an den einstigen Bewohner.

### L 2, 1 Schiller-Wohnung

»An dieser Stätte stand das Hubertus-Haus, in dem Friedrich Schiller im Jahre 1783 gewohnt hat«, heißt es auf einer Tafel an diesem Neubau in der Nachbarschaft des Schlosses. Sein Domizil beschrieb er am 28. Juli 1783 so: »Meyer

Denkmal des berühmten Mannheimer Theaterintendanten Dalberg vor seinem damaligen Wohnhaus

[ Schauspieler und Regisseur in Mannheim] hat eine Wohnung und Kost für mich ausgemacht, welche sehr wohlfeil
und gut ist. Ich bezahle wöchentlich für 2 Zimmer, Betten
und Meubles 1 Gulden und wohne neben dem Schloßplatz,
welches eine vortreffliche Aussicht hat. [...] Ihre Briefe
adressieren Sie an Madame Hammelmann im Hubertushaus
zu Mannheim. Das ist das Haus, wo ich logiere.«

## B 5, 7
*Letzte Schiller-Wohnung, künftiges »Museum SchillerHaus«*

Mannheim bekommt ein Schiller-Haus. Ob es nun das von
der Stiftung für die Reiss-Engelhorn-Museen erworbene
Anwesen Nr. 7, Nr. 8 oder aber die Nr. 9 (hier war Anfang
des letzten Jahrhunderts noch eine Gedenktafel angebracht)
gewesen ist, in welchem sich Schillers letzte Wohnung befand, ist ungeklärt. Sicher scheint, daß das weithin original
erhaltene Barock-Ensemble aus Vorderhaus, kleinem Hof
und Gartenhaus von B 5, 7 die Atmosphäre jener Zeit sehr
gut wiedergibt. Die Konzeption der Einrichtung ist nicht
vordergründig museal angelegt. Professionelle Schauspieler
werden dieses Haus im Bunde mit Besuchern künftig bele-
ben. Der Gebäudekomplex wird nach seiner Sanierung ein
kostbares Stück Alt-Mannheim repräsentieren.
    Für Schiller war es nicht nur seine letzte Mannheimer
Wohnung, sondern auch der Ort einer ehrlichen, aufrich-
tigen Freundschaft zu seinen Vermietern, der Familie des
Baumeisters Anton Hölzel, die ihm in seiner finanziellen
Not mit erheblichen Summen beistand. Schiller wußte sich
daran zu erinnern, als es ihm selbst besser ging. In einem
Brief aus Jena* bat er seinen Verleger Johann Friedrich
Cotta am 19. Februar 1799: »Haben Sie doch die Güte, lie-
ber Freund, mit erster Post 5 Karolin an den Herrn Baumeister Hölzel zu Mannheim, im Materialhof wohnhaft, in
meinem Namen zu übermachen. Jene Leute haben mir vor

14 Jahren bei meinem Aufenthalt in Mannheim wesentliche Dienste erzeigt; jetzt hat sie der Krieg aus dem Wohlstand in Not und Dürftigkeit versetzt, und sie brauchen Hülfe, schnelle Hülfe.«

Wer sich zum Abschluß des Rundgangs in den zum Rhein gelegenen Schloßgarten begibt, findet dort einen Gedenkstein für Anna Hölzel mit der Inschrift: »Retterin des Dichters aus schwerer Bedrängnis.«

Unterwegs zwischen Bauerbach und Meiningen,
überquerte Schiller an dieser Stelle die Werra

»Stadt im Grünen«, »Theaterstadt«, ehemalige »Residenz-stadt« – das südthüringische Meiningen schmückt sich keineswegs zu Unrecht mit mehreren Beinamen. Dem Besucher präsentiert sich die Stadt an der Werra mit Residenz-schloß, repräsentativen Palais und Parkanlagen sowie dem vormaligen Hoftheater ausgesprochen fürstlich und groß-zügig, während teils mit Fachwerkhäusern bebaute Plätze, Straßen und Gassen zum Spaziergang durch frühere Jahr-hunderte einladen. Als markantes Beispiel thüringischer Schloßbauten des Barock gehört die ab 1682 entstandene mächtige Dreiflügelanlage Schloß Elisabethenburg neben der Stadtkirche zu den Wahrzeichen Meiningens. Dort, wo über 200 Jahre lang die Herzöge von Sachsen-Meiningen residierten, haben heute die hiesigen Museen ihren Sitz, deren reichhaltiges Sammlungs- und Ausstellungsprofil von weitgehend überregionaler Bedeutung ist. Exponate der bil-denden Kunst wie zur Theater- und Musikgeschichte ragen heraus. (Zur Meininger Literaturgeschichte und damit auch zu Schillers Aufenthalt informiert ausführlich eine Ausstel-lung im Literaturmuseum Baumbach-Haus.) Beim Rund-gang durch das Schloß und seine Einrichtungen ist man an einem der authentischen Orte Meiningens unterwegs, die mit Persönlichkeiten verbunden sind, deren mehr oder we-niger langes Wirken die Stadt zu dem werden ließ, was der Schweizer Dichter Joseph Victor Widmann (1842–1911) als »letzten deutschen Musenhof« beschrieb. Anhand der Gäste- und Besuchslisten vor allem aus der Ära des am Hof-theater regieführenden Herzogs Georg II., aber auch aus der Zeit davor und gelegentlich danach, ließe sich leicht ein »Who is who« der Musik, des Theaters, der Literatur, der Philosophie und Geschichtswissenschaft erstellen. Für alle die Damen und Herren, die sich hier wohl fühlten, sei Richard Wagners ebenso originelles wie zutreffendes Wort zitiert: »Es gibt viele Meinungen, aber nur ein Meiningen, es gibt viele, die über mich herzogen, aber nur einen Herzog.«

Auch Friedrich Schiller, der hier am kalten Wintermorgen des 7. Dezember 1783 ankam, hätte sich so oder ähnlich äußern können. Galt lange genug das Paradoxon »Meiningen ist der Welt durch die Meininger bekannt« – eine Anspielung auf das berühmte Ensemble und Orchester des Hoftheaters –, so ließe sich, freilich ein wenig augenzwinkernd, ergänzen: »Schiller ist der Welt durch die Meininger bekannt.« Den Hintergrund für diese Annahme bilden die 1874 begonnenen furiosen europäischen Gastspielreisen des Ensembles des Meininger Theaterherzogs (»die Meininger«). Im Laufe der 2877 gefeierten Auftritte zwischen London und St. Petersburg standen allein 1250mal Dramen von Schiller auf dem Programm. Wurde der Dichter damit von der Nachwelt »geadelt«, so geschah dies auf Schillers ausdrücklichen Wunsch bereits zu Lebzeiten durch den damals regierenden Meininger Herzog, dem der Dichter im Schloß kurz vorgestellt wurde. »Von Meiningen habe ich den Hofratscharakter bekommen, und dies macht doch wenigstens, daß die Veränderung von außen [Anspielung auf den Standesunterschied zwischen Braut und Bräutigam] weniger gefühlt wird«, schrieb Schiller wenige Wochen vor seiner Hochzeit mit Charlotte von Lengefeld an den Schriftsteller-Freund Ludwig Ferdinand Huber.

Am 30. November 1782 verließ der in Stuttgart als Deserteur gebrandmarkte Verfasser der »Räuber«, von Mannheim enttäuscht und noch immer auf der Flucht, Oggersheim*. Sein Ziel war das zu Sachsen gehörende Dörfchen Bauerbach* in Thüringen. Mit der Kutsche über Worms, Frankfurt* und Gelnhausen reisend, kam er nach siebentägiger Fahrt bei klirrender Kälte am Morgen des 7. Dezember in Meiningen an. Zum Mittagessen im »Hirsch« (Gedenktafel am heutigen Haus Ulrichstraße 16) traf er sich auf Empfehlung von Frau von Wolzogen mit dem Hofbibliothekar Wilhelm Friedrich Hermann Reinwald. Für die rund acht Monate seines Asyls im zehn Kilometer entfernten Bauerbach wurde Reinwald Schillers enger Vertrauter und später auch dessen Schwager. Reinwald beschaffte Bücher, Papier und gelegentlich auch Tabak und anderes. Umgekehrt profitierte Reinwald, den das Bibliothekarsdasein am Hof recht klein gemacht hatte, von Schillers Denken und Tun. Noch am Tag der Ankunft ging es im Schlitten weiter nach Bauerbach. Während seines dortigen Aufenthalts besuchte er Meiningen mehrfach, und auch in späteren Jahren kehrte er hin und wieder in der Stadt ein.

*Eckhaus Georgstraße/Klostergasse*
*Wohnhaus von Schillers Schwester Christophine*

»Aus des Dichters heimatlicher Erde, Marbach* am Neckar hierher verpflanzt von der Stadt Meiningen«, heißt es auf einer Eisentafel am Zaun, der die seit 1905 an der Straßengabelung Schillerstraße/Nachtigallenstraße stehende Schiller-Eiche umgibt. Von hier aus Meiningen in Richtung Schloß erkundend, wo der nach Bauerbach führende »Schiller-Wanderweg« verläuft, bewegt sich der Besucher in einem mit Schiller verbundenen Areal. An einem zwischen Stadtkirche und Schloß liegenden Haus mit Erker vermeldet eine Gedenktafel: »An dieser Stätte wohnte bis zu ihrem 1847 erfolgten Tode Christophine Reinwald ... Schillers älteste Schwester.« An seinen künftigen Schwager schrieb Schiller von Bauerbach aus: »Weil ich gern unerkannt bleiben möchte, so würde ich Sie ersuchen, mir zu erlauben, dass ich die Briefe, die an mich einlaufen, an Sie adressieren lassen kann, unter den festgesetzten Bedingungen, dass Sie sich in die Unkosten, die dabei notwendig sind, nicht mischen.« Bei seiner Schwester und Reinwald war der Dichter öfter zu Gast. Ein letztes Mal erwog er zwei Jahre vor seinem Tod einen Besuch, wie er die Schwester Anfang 1803 brieflich wissen ließ: »Ich kann dieses neue Jahr nicht anfangen, ohne Dir, liebste Schwester, und dem guten Reinwald meine herzliche Liebe zu versichern und mich der Eurigen zu empfehlen. Vielleicht führt uns dieses Jahr zusammen; denn es kann geschehen, daß wir nach den südlichen Gegenden eine kleine Reise machen, und dann würde uns unser Weg über Meiningen führen. Wenigstens will ich mich dieser Hoffnung freuen!« Erfüllt hat sich die Hoffnung nicht. Das Grab von Christophine, die 1847 im Alter von 90 Jahren starb, befindet sich auf dem Parkfriedhof, das ihres Mannes ist nicht erhalten.

# Bauerbach

Schillers ebenso einsames wie produktives Asyl
in dem kleinen Bauerbach

Das 887 erstmals urkundlich erwähnte Dorf zählt heute knapp 300 Einwohner. Von sanfter Hügellandschaft umgeben, liegt der Ort abseits der von Eisenach nach Würzburg führenden Bundesstraße 19, etwa zehn Kilometer von Meiningen* entfernt. Bis 1803 war Bauerbach ein reichsritterschaftliches Dorf. Für Schillers Aufenthalt hier hatte diese Sonderstellung den Vorteil, daß der Ort weder der Polizei des Herzogs von Sachsen-Meiningen noch der eines anderen Landesfürsten unterstand. Schiller, der seit seiner Flucht aus Stuttgart* als Deserteur galt, konnte sich hier vor einer zu Recht befüchteten Verfolgung relativ sicher fühlen. Von 1697 bis 1853 war Bauerbach der Sitz der Familie von Wolzogen. Ihr Gut befand sich etwa dort, wo heute das seit über vierzig Jahren von Amateuren bespielte Naturtheater »Friedrich Schiller« einlädt. Schillers Bleibe hingegen, das später hinzugekaufte und erweiterte Wohnhaus, steht in der Ortsmitte nahe der Kirche und nahe der Gaststätte, in welcher der Besucher verköstigt wurde. Henriette von Wolzogen, die Mutter von Schillers Stuttgarter Mitschüler, hatte dem jungen Dichter unter dem Pseudonym »Dr. Ritter« auf ihrem bescheidenen Landgut das Asyl ermöglicht. In Empfang genommen wurde er von dem Gutsverwalter und Lehrer Vogt. Eine Fassadenmalerei am Vogtschen Wohnhaus (Hauptstraße 5) erinnert daran.

Am 8. Dezember 1782, nur acht Tage nach Schillers raschem Aufbruch von Oggersheim* und einen Tag nach der Ankunft in Bauerbach, gingen gleich mehrere Briefe auf die Reise. »[...] itzt kann ich Ihnen mit aufgeheitertem Gemüt schreiben, denn ich bin an Ort und Stelle wie ein Schiffbrüchiger, der sich mühsam aus den Wellen gekämpft hat. [...] Diesen Winter seh ich mich genötigt, nur Dichter zu sein, weil ich auf diesem Weg meine Umstände schneller zu rangieren hoffe«, vertraute er dem »teuersten Freund«, Buchhändler Schwan in Mannheim*, an. Ein anderer Brief – es ist der fünfte, »und wenigstens noch soviel hab ich zu schreiben« – ging an Schillers Weggefährten auf der Flucht von Stuttgart bis nach Oggersheim, Andreas Streicher. In ihm ist zu lesen, wie gut »Dr. Ritter« in Bauerbach aufgenommen wurde: »Ich kam abends hierher [...] zeigte meine Briefe auf und wurde feierlich in die Wohnung der Herrschaft abgeholt, wo man alles aufgeputzt, eingeheizt und schon Betten hergeschafft hatte. Gegenwärtig kann und will ich keine Bekanntschaften machen, weil ich entsetzlich viel zu arbeiten habe. Die Ostermesse mag sich angst darauf sein lassen.«

Eine monatelange produktive Einsamkeit wartete auf ihn. Da war zum einen der »Carlos«, den er »gewissermaßen statt meines Mädchens« hatte. »Ich trage ihn auf meinem Busen – ich schwärme mit ihm durch die Gegend um – um Bauerbach herum«, erfuhr Reinwald, mit dem Schiller, sooft es ging, »wenigstens auf eine Viertelstunde« wünschte sprechen zu können über »Tausend Ideen«, die in ihm schlafen »und warten auf die Magnetnadel, die sie zieht«. Eine davon bedrängte ihn bereits einige Zeit und sollte schließlich zum »Hauptgeschäft« der Bauerbacher Zeit werden: »Luise Millerin« (»Kabale und Liebe«). Sie jagte ihn »schon um 5 Uhr aus dem Bette. Da siz ich, spize Federn, und käue Gedanken. [...] So ängstlich für das Theater – so hastig, weil ich pressiert bin, und doch ohne Tadel zu schreiben ist eine Kunst. Doch gewinnt meine Millerin – das fül ich. [...] Ist meine L M erst fertig, mein Karlos soll mich niemals abhalten, zu Ihnen zu fliegen«, versprach er Reinwald an einem Samstag Anfang Mai. Außerdem überarbeitete er den »Fiesko«, begann mit Vorarbeiten zu »Maria Stuart« und faßte erste Pläne zu »Wallenstein«.

Freilich gab es auch reichlich Abwechslung und Ablenkung. Schiller wanderte zu den umliegenden Dörfern und führte Gespräche mit den dortigen Pfarrern. Er traf sich mit Reinwald und hatte wohl auch seinen Spaß im »Braunen Roß« (heute Gasthaus und Schiller-Begegnungsstätte). Groß war die Freude, wenn Wolzogens zu Besuch kamen – auch wegen Charlotte, der Tochter, in die er sich verliebt hatte. Als sie sich zu den Pfingstfeiertagen angemeldet hatten, bereitete er ihnen einen großartigen Empfang mit einer Birken-Allee vom Ortseingang bis zum Haus und Ehrensalut. Reinwald erfuhr von dem »lustigen Tag« per Brief, daß die Bauern im Hof getanzt und er »nur fröhliche Leute« gesehen hätte. Er war begeistert: »Bauerbach ist gewis keine Barbarei. Ich habe schon manche Feinheit an den Leuten entdekt, die mir um so schätzbarer war, je weniger ich sie der rohen Natur zugetraut hätte. Vielleicht sind diese Menschen von den übrigen sich beßer dünkenden nur wie die Gipsfigur von dem Gemälde unterschieden.«

Das in Bauerbach Geschaffene markiert einen Übergang im Denken Schillers von dem mit der bestehenden Welt hadernden Stürmer und Dränger zum Dichter mit geschichtsphilosophischem Ansatz, der Handlungsmöglichkeiten auszuloten sucht. Zugleich zweifelte er immer wieder an sich selbst. »Ich bin nicht, was ich gewiß hätte werden können. Ich hätte vielleicht groß werden können, aber das Schicksal stritte zu früh wider mich«, vertraute er Reinwald im April 1783 an. Drei Monate später, am 24. Juli, reiste Schiller, mit dem abgeschlossenen Manuskript »Kabale und Liebe« im Gepäck, nach Mannheim, wo ihm ein Vertrag als Theaterdichter angeboten worden war.

Am 5. Mai 1784, ein knappes Jahr nach dem endgültigen Fortgang aus Bauerbach, resümierte Schiller in einem Brief an Bibliothekar Reinwald, »daß mein Aufenthalt in Bauerbach bis jetzt mein seligster gewesen, der vielleicht nie wiederkommen wird«.

»Das Haus meiner Wolzogen ist ein recht hübsches und artiges Gebäude, wo ich die Stadt gar nicht vermisse. Ich habe alle Bequemlichkeit, Kost, Bedienung, Wäsche, Feuerung und alle diese Sachen werden von den Leuten des Dorfes auf das vollkommenste und willigste besorgt«, teilte Schiller bereits einen Tag nach seiner Ankunft dem Freund Andreas Streicher mit. Das Haus ist in seiner Substanz original erhalten. Auch die museale Einrichtung – Hammerklavier, Bett, Sessel, Tisch, Schrank, eiserner Ofen – soll aus der Zeit stammen, als sich Schiller hier aufhielt. In einem Schränkchen aus Buchenholz stehen einige der Bücher, die ihm Reinwald regelmäßig beschaffte. Die Wunschlisten waren jedesmal lang. Schon auf der vom 9. Dezember 1782 standen zum Beispiel: Lessings kritische Schriften, d. h. Dramaturgie, Theaterbibliothek, Beiträge zur Literatur, »Laokoon«, Shakespeares »Othello« und »Romeo und Juliette«, Wielands »Agathon«, philosophische Schriften und Reisebeschreibungen. In dem zum Hause gehörenden Garten stand zu Schillers Zeit eine Hütte, in der er im »herrlichen Hauche des Morgens« manche Zeile schrieb.

Nur wenige Meter vom Museum entfernt beginnt der rund 13 Kilometer lange, nach Meiningen führende »Schiller-Wanderweg«. Er mag dem Pfad entsprechen, den Schiller seinerzeit ging.

Auf Schloß Heidecksburg war Schiller ebenso
zu Gast wie im Beulwitzschen Haus (vorn)

Willkommen an der »Rudolstädter Riviera«, wie manch Einheimischer von der Stadt und ihrer Umgebung schwärmt. Zum erstenmal im 8. Jahrhundert erwähnt, schlängelt sich der Ort über acht Kilometer durch das anmutige Saaletal. Was Touristen, Bildungsreisende und Erholungssuchende anzieht, war und ist das Fluidum einer Residenz-, Theater- und Festspielstadt, einer Stadt der Musik und des Tanzes, aber auch des gediegenen Handwerks und des bäuerlichen Fleißes. Neben Schiller und Goethe verbinden sich weitere große Namen mit dem etwa 29 000 Einwohner zählenden Rudolstadt: Martin Luther, die Brüder Humboldt, Arthur Schopenhauer, die Musiker und Komponisten Niccolò Paganini, Franz Liszt, Richard Wagner, Albert Methfessel, Max Eberwein und Philipp Heinrich Erlebach. Sie förderten den Ruf des Städtchens, in dem zu Schillers Zeiten etwa 4 000 Menschen lebten und dessen Ehrgeiz es war, ein »Klein Weimar« zu werden.

»Diese Gegend wird Ihnen lieb sein, mir brachte sie gestern einen Eindruck von Ruhe in der Seele, der mir innig wohltat«, lockte denn auch Charlotte von Lengefeld ihren späteren Gatten zu einem längeren Sommeraufenthalt nach Rudolstadt. Nach ersten Erkundungen in und um Volkstedt[*] schrieb Schiller an Gottfried Körner: »Seit acht Tagen bin ich nun hier in einer sehr angenehmen Gegend, eine kleine halbe Stunde von der Stadt und in einer sehr bequemen heiteren und reinlichen Wohnung.« Von Volkstedt aus genieße er »eine sehr reizende Aussicht auf die Stadt, die sich am Fuße eines Berges herumschlingt, von weitem schon durch das fürstliche Schloß, das auf die Spitze des Felsens gepflanzt ist, sehr vorteilhaft angekündigt wird«.

Der bis heute unverstellte Anblick hat sich ihm auch geboten, als er am Nachmittag des 6. Dezember 1787 zusammen mit seinem Schulfreund Wilhelm von Wolzogen zum erstenmal in Rudolstadt einritt. Tags zuvor waren sie früh halb sieben Uhr in Bauerbach* bei Meiningen* aufgebrochen und hatten es über Suhl bis nach Ilmenau geschafft, wo sie übernachteten. Andertags ging's – gleichfalls in aller Frühe – über Königssee weiter nach Rudolstadt. Wolzogen hatte Schillers Einladung zum Besuch von Weimar* unter der Bedingung angenommen, daß sie einen Umweg über Rudolstadt machten und dort die mit ihm verwandte Familie Lengefeld besuchten – ein schicksalhafter Umweg. Hier begegnete er seiner künftigen Frau Charlotte von Lengefeld und traf mit Goethe zusammen. Zwei Jahre nach dem ersten Aufenthalt in Rudolstadt stand für Schiller fest hierherzuziehen. Körner weihte er in seine Pläne ein: »Ohngefähr 4, 5 Jahre rechne ich, da zu bleiben, und in dieser Zeit würde ich die Geschichte überhaupt durchstudieren und einige Teile daraus vorzugsweise bearbeiten.« Wenn es auch nicht so viel Jahre wurden, so weilte Schiller doch wiederholt für längere Zeit in Rudolstadt und Volkstedt, auch um sich gesundheitlich zu erholen. Ausgedehnte Wanderungen in die Umgebung, lange Spazierritte und gesellige Ablenkungen taten ihre Wirkung. Doch am 8. Mai 1791 erlitt er in Rudolstadt einen dritten, bislang schwersten Anfall, »ein fürchterlicher krampfhafter Zufall mit Erstickungen, so daß ich nicht anders glaubte, als ob es mein Letztes wäre«. Es war der Monat, in dem sich diese lebensbedrohlichen Anfälle wiederholten. Schiller nahm bereits schriftlich von den Seinen Abschied, und in Erfurt* und Kopenhagen wie in der »Oberdeutschen Allgemeinen Literaturzeitung« wurde verbreitet, er sei gestorben.

*Schillerstraße 1 / Ecke Marktstraße*
*Gasthaus zur Güldenen Gabel*

Nachdem sich Wolzogen und Schiller am Nachmittag des
6. Dezember 1787 vom Rudolstädter Torschreiber hatten
registrieren lassen, stiegen sie im damals ersten Haus am
Platze, der »Güldenen Gabel«, ab. Es befand sich in unmittelbarer Nähe des Beulwitz-Lengefeldschen Hauses und
schräg gegenüber dem zu Schillers Lebzeiten noch entstandenen Hotel »Zum Ritter«, einem heute nicht mehr
existierenden klassizistischen Bau, der den gewachsenen
Ansprüchen der Zeit besser entsprechen sollte. In der »Güldenen Gabel« übernachtete Schiller auch später mehrfach,
etwa wenn ihn ein Unwetter oder Unwohlsein daran hin-
derte, nach Volkstedt zurückzukehren.

Das zum Wohn- und Geschäftshaus zum großen Teil
weithin neu gebaute Gasthaus ist von außen zu besichtigen.

*Schillerstraße 25*
*Das Haus Beulwitz-Lengefeld*

Bereits am Abend ihrer Ankunft waren Wolzogen und
Schiller hier zu Gast. Noch bevor das Haus, dem ein schöner Garten vorgelagert ist, zu einem Ort der deutschen Literatur wurde, herrschten hier Geist und Geselligkeit. Der
in Gotha lebende Schriftsteller Rudolf Zacharias Becker
schilderte am 30. Mai 1786 einen seiner zahlreichen Besuche so: »Nie habe ich eine vergnügtere Gesellschaft gesehen. Nur schade, daß die Witterung nicht erlaubte, im Garten zu bleiben. Doch waren wir in dem Zimmer desto
vergnügter. Die Fräulein von Holleben sang einige Arien
recht schön. Auch ließ sich Herr Becker hören, welcher eine
ganz hübsche Stimme hat und mit viel Ausdruck singt. Wir
hatten Erlaubnis erhalten, bei dem Herrn Hofrat (Beulwitz)
abends essen zu dürfen, und wurden daselbst recht gut

bewirtet. Auf eine so fröhliche Art habe ich noch nie gegessen. Ich ziehe ein solches Abendessen, wo man bald aufstehn, bald sich wieder niedersetzen kann, der größten Tafel an einem Galatag vor [...]. Nach Tisch wurden von der ganzen Gesellschaft viel fröhliche Lieder gesungen.« Zwei Jahre später – zum geladenen Kreis gehörten neben Becker diesmal auch Prinz Ludwig Friedrich und Schiller – stimmte man in dieser Runde das »Lied an die Freude« an. Friedrich Schiller, bei seinem ersten Kurzaufenthalt ein junger Mann von 28, gefiel solches Treiben offenbar auf Anhieb. Nach Weimar zurückgekehrt, ließ er Körner wissen: »Eine Frau von Lengefeld lebt da mit einer verheirateten und einer ledigen Tochter. Beide Geschöpfe sind (ohne schön zu sein) anziehend und gefallen mir. Man findet hier viel Bekanntschaft mit der neuen Literatur, Feinheit, Empfindung und Geist. Das Klavier spielen sie gut, welches mir einen recht schönen Abend machte.« Mit der Abreise aus Rudolstadt verband Schiller den Wunsch, den nächsten Sommer in dieser »schönen Gegend« zu verbringen.

Am 7. September 1788 kam es gelegentlich eines Essens im Hause Beulwitz zur ersten längeren Begegnung zwischen Schiller und dem gerade aus Italien zurückgekehrten Goethe, der, vom nahen Großkochberg herübergekommen, die Runde mit seinen Erzählungen fesselte. Schiller, ein wenig enttäuscht, daß es nicht zu dem erhofften ausführlichen Zwiegespräch gekommen war, läßt Körner brieflich daran teilhaben: »Unsere Bekanntschaft war bald gemacht und ohne den mindesten Zwang; freilich war die Gesellschaft zu groß und alles auf seinen Umgang zu eifersüchtig, als daß ich viel allein mit ihm hätte sein oder etwas anders als allgemeine Dinge mit ihm sprechen können.«

Das Lengefeldsche Haus repräsentiert wie die meisten noch erhaltenen Gebäude in der heutigen Schillerstraße den schönen, wenn auch bescheidenen Wohnstil des Rudolstädter Hofadels im 18. Jahrhundert. Gegenwärtig wird das Haus saniert (2004/05) und zur Schiller-Gedenkstätte sowie zu einer

Begegnungsstätte mit Café ausgebaut. Für die Räume in der ersten Etage wird die Epoche der Rudolstädter Klassik museal aufbereitet.

## Theater auf dem Anger

Als »Komödienhaus auf dem Anger« wurde im Jahre 1793 das Rudolstädter Theater eröffnet. Die im Volksmund auch »Bratwurstbude« genannte Spielstätte wurde zeitweilig von dem im benachbarten Weimar zu Ruhm und Ehre gekommenen Intendanten Goethe geleitet. Ein eigenes Ensemble leistete man sich damals nicht. Die für Rudolstadt engagierte Truppe muß ihrem Abstecher-Ort höchst skeptisch gegenübergestanden haben, wie der mit der Oberaufsicht betraute Freiherr von Lyncker zu berichten weiß: »[…] denn noch sieht das Castrum Doloris mehr einer Bratwurstbude als einem Tempel der Thalia gleich; doch verzogen sich die Wolken, als ich ihnen [den Schauspielern] allmählich den Becher der Hoffnung reichte, daß man alles tun würde, das Heiligtum der Kunst ihrem Zwecke gemäß zu machen.« Nachdem man »Don Carlos« und »Kabale und Liebe« hier bereits früher inszeniert hatte, war Schiller im September 1799 bei den Aufführungen von »Wallensteins Lager« und den »Räubern« persönlich anwesend. Über letztere, nach Meinung des Rezensenten »sehr gute« Inszenierung heißt es in einem zeitgenössischen Bericht: »Es wird sehr viel geschossen. Die Jäger stellen die Räuber außerhalb des Komödienhauses dar, die Grenadiere die Soldaten. Geschossen wird divisionsweise. Das Ganze macht einen sehr schönen Effekt.« Dabei muß man wissen, daß das Komödienhaus auf dem Platz stand, der alljährlich im August dem vier Wochen dauernden Vogelschießen vorbehalten war. Schiller, der am 19. August 1788 auf Veranlassung des Fürsten Mitglied der Schützengilde geworden war, hat an dem Treiben »unter den schönen Zelten und dem Duft von Bratwürsten auf der Vogelwiese« offenbar mit wechselnden Gefühlen teilgenommen.

Das zeitweilig von Goethe geleitete Theater Rudolstadt

Das zunächst »aus Brettern und Säulen« errichtete Theater, an dessen Dirigentenpult allein Richard Wagner vierzigmal stand, wurde später am gleichen Standort in massiver Bauweise umgebaut. Als Mehrspartenbühne erfreut es sich bis in die Gegenwart großer Beliebtheit. Der Anger präsentiert sich als kleiner Park mit einem Schiller-Gedenkstein, während das traditionelle Vogelschießen auf einen anderen Platz umgezogen ist.

## Jenaische Straße 1
### Ehemalige Glockengießerei

Bewiesen ist es nicht, ernst zu nehmende Hinweise aber gibt es mehrere, daß sich Schiller zu seinem »Lied von der Glocke« in der Rudolstädter Glockengießerei anregen ließ. So schaute er im August 1788 den Handwerkern nachweislich über die Schulter, als sie mit der Herstellung der Glocke für die Rudolstädter Stadtkirche beschäftigt waren. Fast drei Jahre später – wiederum nach Besuchen in der Gießerei – der Eintrag: »Zu einem lyrischen Gedicht habe ich einen sehr begeisternden Stoff ausgefunden, den ich mir für meine schönsten Stunden zurücklege.« Die Fachwelt sieht darin die erste Erwähnung des großen Gedichts.

Die einstige Glockengießerei – in den zurückliegenden Jahrzehnten ein metallverarbeitender Betrieb – ist von außen zu besichtigen. Über dem Eingang des Hauses, an dem ein Bächlein vorbeifließt, erinnert unter einer Glocke ein Spruch an die Literatur gewordene Begebenheit.

## Schloß Heidecksburg

Auf dem Schloß war Schiller mehrfach zu Gast. Am 7. Juli 1788 führte ihn Erbprinz Ludwig Friedrich zum erstenmal durch die respektable Residenz, 1799 ist der letzte

Besuch registriert. Im Tagebuch des Fürsten ist zu lesen: »Im September wohnt die Familie Schiller bei der Hofmeisterin von Lengefeld, Schillers Schwiegermutter. Mittags speisen die Schillers an der Erbprinzentafel, wo man sich ungezwungen und familiär begegnen kann. Der Erbprinz Friedrich Günther ist 6 Jahre, genauso alt wie der kleine Karl Schiller. Abends ist die Familie Schiller Gast an der fürstlichen Tafel.«

Sechzig Meter über der Stadt, erreichbar über sechs von der Altstadt heraufführende Treppen, grüßt die majestätische Heidecksburg schon von fern den Ankömmling. Ihren vierzig Meter hohen Turm hat Schiller der Aussicht wegen erstiegen. Die verschiedenen Bereiche dieses Bauensembles zu einem einzigartigen Gesamteindruck von Architektur, Ausstattung, Plastik und Malerei zusammengeführt zu haben ist das Verdienst des Baumeisters Heinrich Krohne, den man aus Weimar verpflichtet hatte. Vielbewunderter Glanzpunkt ist der zwölf Meter hohe Rokoko-Festsaal mit seiner heiteren Atmosphäre. In den Räumen des Schlosses fand jene von den Chronisten überlieferte Auseinandersetzung statt, die Schiller unter der Überschrift »Ein Frühstück auf dem Schlosse zu Rudolstadt« literarisch festgehalten hat.

*Lengefeldsche Straße 1*
*Heißenhof mit Stadtkirche und Ludwigsburg*

Am 17. Juli 1788 in aller Frühe entlud sich über Rudolstadt ein heftiges Gewitter. Ein Blitz traf den Turm der Stadtkirche und beschädigte ihn erheblich. Schiller, der zu dieser Zeit in der Stadt weilte, lud die Lengefelds ein, mit ihm die Verwüstungen in Augenschein zu nehmen. Bei dieser Gelegenheit wird man auch den Heißenhof, in dem Charlotte von Lengefeld 1766 geboren wurde und ihre Kindheit verbrachte, sowie die dem Heißenhof gegenüberliegende Ludwigsburg besucht haben.

Als Schiller die Stadtkirche besichtigte, war sie gerade
von einem Blitz getroffen worden

Das einst zusammenhängende, heute von einer Straße durchschnittene Ensemble, von dem ein Weg hinauf zur Heidecksburg führt, ist komplett von außen zu besichtigen: die Stadtkirche von innen, die einstige Ludwigsburg (Sitz einer Landesbehörde) teilweise während der Sprech-/Besuchs-zeiten.

# Volkstedt · Großkochberg · Paulinzella

Die Volkstedter Kirche, seit Schillers Aufenthalt
weitgehend unverändert

»Sobald der Frühling einmal dauerhaft da sein wird, ziehe ich in die Einsamkeit aufs Land; mein Kopf und mein Herz sehnen sich darnach. Ich werde mich eine kleine Stunde von Rudolstadt* niederlassen. Die Gegenden sind dort überaus ländlich und angenehm, und ich kann da in seliger Abgeschiedenheit von der Welt leben.« Ende April 1788 erreichte diese postalische Ankündigung den Freund Gottfried Körner in Dresden*, vier Wochen später folgte die Nachricht über die Ankunft in Volkstedt: »Seit acht Tagen bin ich nun hier in einer sehr angenehmen Gegend, eine kleine halbe Stunde von der Stadt und in einer sehr bequemen, heitern und reinlichen Wohnung. Das Glück hat es gefügt, daß ich ein neues Haus, das besser, als auf dem Lande sonst geschieht, gebaut ist, finden mußte. Es gehört einem wohlhabenden Manne, dem Kantor des Orts.«

Mit der Bemerkung, »diese Gegend wird Ihnen lieb sein, mir brachte sie gestern einen Eindruck von Ruhe in der Seele, der mir innig wohltat«, hatte die im benachbarten Rudolstadt lebende Charlotte von Lengefeld ihren späteren Gatten zu einem Sommeraufenthalt bewegen können, der ihn, pendelnd zwischen Volkstedt und Rudolstadt, mehrere Monate von Weimar entfernt hielt. Erhoffte sich Schiller eine Antwort auf Fragen, die er von hier aus brieflich mit Körner diskutierte? »Seit 6 und 8 Jahren bin ich ein so äußerst anhängiger Mensch von tausend Armseligkeiten geworden, die ich mir nicht vergeben kann. Und bin ich nicht Herr meines Schicksals? Warum verharre ich in einem Zustande, der gar nicht für mich ist? Das sind Betrachtungen, die ich jetzt so oft und so anhaltend anstelle, daß sie es endlich doch bei mir zu einem Entschlusse bringen werden.« Fühlte er sich am Anfang seines Rudolstadt-Volkstedter Arbeitssommers

»nicht in dem Element«, in welches er »eigentlich gehöre«, so teilte er Charlotte von Lengefeld und ihrer Schwester Caroline von Beulwitz gegen Ende seines ersten längeren Aufenthalts in dieser Gegend mit: »Längst schon haßte ich meine isolierte Existenz, es ist eine notwendige Bedingung meiner Glückseligkeit, mich als den Teil eines Ganzen zu fühlen.« An solcher Erkenntnis werden die geselligen Abende im Beulwitzschen Haus zu Rudolstadt nicht weniger mitgewirkt haben als Ablenkungen wie das »Vogelschießen« oder Partien in die Umgebung der Residenz Rudolstadt. Zugleich aber beklagte Schiller, was ihm als Kehrseite dieser »vortrefflich« verlebten Wochen und Monate erschien: »Nur entwischt mir manches schöne Stündchen in dieser anziehenden Gesellschaft, das ich eigentlich vor dem Schreibtisch zubringen sollte.« Homer-Lektüre, Artikel für Journale, eine Übersetzung der »Iphigenia von Aulis« des Euripides als Übung für seine »dramatische Feder«, das waren die Gegenstände, die ihn in Volkstedt in Anspruch nahmen.

Das Haus des Kantors Unbehaun, in dem Schiller logierte, stand gegenüber der Volkstedter Kirche an der heutigen Breitscheidstraße. Eine Gedenktafel an dem jetzigen Gebäude erinnert an den damaligen Bewohner. Den Weg an der Kirche vorbei, die sich seitdem kaum verändert hat, über die Brücken über Lache und Saale zu jenen »sanft ansteigenden Bergen« ist Schiller oft gegangen. Wer ihm heute folgt, stößt auf die »Schillerhöhe«, eine seit 1830 gestaltete Gedenkstätte mitten in der Natur, in deren Zentrum eine Schiller-Büste steht.

»Ich habe zwei kleine Stunden nach Saalfeld, ebensoweit nach dem Schlosse Schwarzburg und zu verschiedenen zerstörten Schlössern, die ich alle miteinander nach und nach besuchen will«, ein Vorhaben, das Schiller in diesem Sommer tatsächlich realisierte. Die Ruine Greifenstein bei Bad Blankenburg, wo er sich »ganz in die alte Ritterzeit hineinzuträumen« wünschte, Schloß Schwarzburg und Schloß Kochberg »eine kleine Meile von hier, wo Frau von Stein ein

Das von Goethe und Schiller gern besuchte Gut
der Frau von Stein in Großkochberg

Gut hat«, nahm er – meist in Begleitung der Rudolstädter Damen – in Augenschein und fühlte sich zuweilen angeregt, »eine Zeichnung davon zu machen«. Die monumentale romanische Klosterruine Paulinzella soll er nicht nur besichtigt, sondern ihr auch noch dieses kleine Gedicht gewidmet haben: »Einsam steh'n des öden Tempels Säulen, / Epheu rankt am unverschloßnen Tor. / [...] / Nichts ist bleibend, alles eilt von hinnen, / Jammer und erhörter Liebe Glück. / [...] / Und der Schöpfung größtes Meisterstück / Sinkt veraltet in den Staub zurück.« Allerdings ist die Urheberschaft Schillers für diese Zeilen in dem in Rudolstadt aufbewahrten Kloster-Gästebuch bis heute nicht zweifelsfrei bewiesen.

Als Bilanz seines langen Rudolstadt-Volkstedter Sommers formulierte er am 20. Oktober 1788, drei Wochen vor seiner Rückkehr nach Weimar*: »Mein hiesiger Aufenthalt neigt sich nun zum Ende; er hat mir viel angenehme Stunden verschafft, und, was das beste ist, er hat mich mir selbst wieder zurückgegeben und überhaupt einen wohltätigen Einfluß auf mein inneres Wesen gehabt. Meinen Geburtstag werde ich hier noch zubringen, dann geht's nach Weimar.«

Unentschieden zwischen Genuß und schlechtem Gewissen,
wandelte Schiller durch die Kuranlagen

»Der Ort hat einen recht schönen Eindruck auf mich gemacht, die Allee und alle Anlagen umher sind heiter, es ist
für die Sozietät auf eine artige und anständige Weise gesorgt,
auch fand ich's sehr volkreich und dabei ganz zwanglos, so
daß ich mich in der Masse der Menschen recht gern mit fort-
bewege.« Was kann einem Gemeinwesen Besseres passieren,
als so von einem Prominenten wie Friedrich Schiller gerühmt zu werden?

Die Geschichte des westlich von Merseburg liegenden
Bad Lauchstädt läßt sich bis ins 9. Jahrhundert zurückver-
folgen, als der Ort zum erstenmal im Hersfelder Zehntver-
zeichnis auftauchte. Im 14. Jahrhundert fand es dann als
Städtchen (oppidum) Erwähnung. Bedeutung erlangte die
Sommerresidenz der Herzöge von Sachsen-Merseburg
durch die Entdeckung der Heilquelle. Um 1700 war der
Hallesche Professor der Medizin Friedrich Hoffmann auf
ein aus dem Boden sprudelnde Gewässer aufmerksam geworden. Eine Analyse bestätigte die heilsame Wirkung des
erfrischenden Mineralwassers. Die schon damals empfoh-
lenen Anwendungsgebiete haben sich bis in unsere Tage
nicht geändert: »Lauchstädter Heilbrunnen« ist hilfreich bei
Stoffwechsel- und Harnwegserkrankungen, Allergien und
Übergewicht, in der Rekonvaleszenz und zur Anregung der
Verdauung. 1710 gilt als Gründungsjahr des Kurbades. In
diesem Jahr wurden die Quelle erstmals gefaßt, ein Brun-
nenhäuschen und ein Salon errichtet und ein Brunnenmei-
ster sowie ein Brunnenarzt berufen. Die heutigen Kuranlagen ließ der sächsische Kurfürst Friedrich August III. in
den Jahren 1776–1787 errichten, und zwar als Sommerresidenz für seinen Dresdner* Hof. Ausgeführt hat sie der Mer-
seburger Stiftsbaumeister Johann Wilhelm Chryselius, dem

mit der Architektur und dem Bau der spätbarocken Anlagen ein bis in die Gegenwart anerkannter großer Wurf gelang. Bad Lauchstädt avancierte zum Modebad und wurde in seiner Blütezeit als »sächsisches Pyrmont« gepriesen. Um 1790 begann sein Glanz und seine überregionale Ausstrahlung zu verblassen. Der Niedergang des 1940 geschlossenen Bades setzte um 1815 ein, als man nur noch 100 Kurgäste zählte.

Was, von kurzen Unterbrechungen abgesehen, die Zeiten überdauerte, war das am 26. Juni 1802 feierlich eröffnete Theater. »Wie groß war mein Erstaunen, als ich den ungeheuren Lärm in dem Gebäude hörte und bei meinem Eintritt eine unbeschreibliche Verwirrung wahrnahm: Zimmerleute und Tischler sägten, hobelten und nagelten, Sattler beschlugen die Bänke, Tüncher und Maler strichen die Kulissen an, das ganze Haus lag voll von Brettern, Latten und Hobelspänen, so daß ich fragte: Und da soll heute gespielt werden?« Der Schauspieler Anton Genast, dem dieser Eindruck vom Morgen des Eröffnungstages zu danken ist, spielte am Abend in dem in nur drei Monaten gebauten Theater. Das nach einem Riß des Architekten Heinrich Gentz entstandene Haus löste die als Schafstall verspottete »Theaterscheune« ab, in welcher das Weimarer* Ensemble zur Auffüllung der Kasse schon jahrelang Sommer für Sommer gastiert hatte.

Wiewohl Architekt und Bauinspektoren das Ihre in verläßlicher Manier getan hatten, ist doch als eigentlicher Schöpfer des Theaters ein anderer in die Geschichte eingegangen: der Schriftsteller, Staatsminister und mit der Oberdirektion des Weimarer Theaters betraute Johann Wolfgang Goethe. Der Tag der Eröffnung vor über 200 Jahren war deshalb auch sein Tag. Kaum war das von ihm für diesen Anlaß geschriebene Vorspiel beendet, raste die Menge im und auch außerhalb des Theaters, wo man auf Grund der dünnen Wände des Hauses den Prolog gut mithören konnte. »Es lebe der größte Meister der Kunst, Goethe!« skandierte das Publikum. Der so auf die Bühne Gerufene bedankte sich höchst bescheiden, aber programmatisch: »Möge das, was wir bringen, einem kunstliebenden Publikum stets genügen.« Die Aufführung der Oper »Titus« von Mozart folgte. Außer starkem Beifall gab es »Illumination und dem Geheimen Rat Goethe sein Bild [war] illuminiert und sein Name brennt«, wie es in einem Brief von Christiane Vulpius heißt.

Bad Lauchstädt wurde zu einer wohlklingenden Adresse in der deutschen Theaterlandschaft. Noch aus den Jahrzehnte später verfaßten Erinnerungen des Dichters der Romantik, Joseph von Eichendorff, der 1805/06 in Halle studierte, strahlt der Glanz des damaligen Neubeginns: Die Lauchstädter »Komödienzettel kamen des Morgens schon, gleich Götterboten, nach Halle und wurden, wie später etwa die politischen Zeitungen, [ …] eifrigst studiert. War nun […] ein Stück von Goethe oder Schiller angekündigt, so begann sofort eine wahre Völkerwanderung zu Pferde, zu Fuß oder in einspännigen Cabriolets. […] Niemand wollte zurückbleiben. Die Reicheren griffen den Unbemittelten mit Entrée und sonstiger Ausrüstung willig unter die Arme, denn die Sache wurde ganz richtig als eine Nationalangelegenheit betrachtet. […] In Lauchstädt selbst aber konnte man, wenn es sich glücklich fügte, Goethe und Schiller oft leibhaftig erblicken, als ob die olympischen Götter wieder unter den Sterblichen umher wandelten.« Auch wenn die Bühne als »Goethe-Theater« firmiert, verdient der Anteil, den Schiller über seine Bühnenpräsenz hinaus daran hatte, hervorgehoben zu werden. Zudem war Bad Lauchstädt, wo sich Schiller 1789 kurz und 1803 – aus seiner Sicht – lange 14 Tage aufhielt, der Ort seiner Verlobung mit Charlotte von Lengefeld.

Die Kuranlagen, der Kurpark und das Theater sind heute ein kulturelles Zentrum der Region. Jährlich kommen in die 5000 Einwohner zählende Kleinstadt allein an die 20000 Theaterbesucher.

»Daß ich noch nicht bestimmen kann, ob ich Sie in Lauchstädt sehe, wird Ihnen Karoline sagen. Aber ich werde tun,
was möglich ist, um diese Hinderung zu entfernen«, schrieb
der vor kurzem erst in sein Amt als Professor der Universität Jena* eingeführte Schiller am 24. Juli 1789 an Charlotte
von Lengefeld. Zusammen mit ihrer Schwester Caroline von
Beulwitz weilte sie zur Kur in Bad Lauchstädt. Schon am
2. August stand der Dichter seiner Angebeteten in einem
Zimmer im zweiten Stockwerk dieses Hauses gegenüber.
Erlöst und voll Erwartung künftigen Liebesglücks hat er es
verlassen, wie der unmittelbar nach der Begegnung verfaßte
Brief an die »teuerste Lotte« bestätigt. Ist es wahr, »darf ich
hoffen, daß Karoline in Ihrer Seele gelesen hat und aus
Ihrem Herzen mir beantwortet hat, was ich mir nicht getraute zu gestehn? [...] Oft [...] nahm ich meinen ganzen
Mut zusammen und kam zu Ihnen mit dem Vorsatz, es [um
ihre Hand zu bitten] Ihnen zu entdecken – aber dieser Mut
verließ mich immer.« Nun hatte die Schwester »vermittelt«,
was der Dichter sich nicht traute zu fragen. Am Abend des
3. August, Schiller war nach Leipzig* weitergereist, schrieb
er sogleich nach Lauchstädt: »Diesen heutigen Brief werden Sie Mittwoch früh haben. Schicken Sie einen Expressen,
so habe ich Mittwoch abends Ihre Antwort. Nur wenige
Zeilen, nur soviel als ich brauche, um meiner Freude ganz
gewiß zu sein.« Charlottes schriftliches Jawort erreichte ihn
am 5. August.

In der mit Kopfsteinen gepflasterten Straße ist das sogenannte Schiller-Haus ein unscheinbares verputztes Gebäude. Gedenktafeln verweisen auf die berühmten Gäste.
Eine Innenbesichtigung ist nicht möglich. Die aus der Schil-
lerzeit überkommenen Möbel – Schränke, eine Standuhr,
Betten, Tisch und Stühle – werden derzeit in einem Depot
verwahrt.

Um von Weimar (hinaus ging es durch das Jakobstor) nach Bad Lauchstädt zu kommen, brauchte man seinerzeit mit der Kutsche 13 Stunden. Die Route führte u. a. über Buttelstedt, Buttstädt, Eichstädt und Schafstädt; bei Karsdorf war die Unstrut zu queren. Daß solch eine für damalige Verhältnisse lange Strecke nicht ganz ungefährlich gewesen sein muß, läßt sich hinter Schillers Mitteilung vermuten, daß die »Herreise recht glücklich« gewesen sei.

Zur Zerstreuung, zur Erholung, aber auch um endlich das von Freund Goethe geleitete und viele seiner Dramen spielende Theater persönlich in Augenschein zu nehmen, weilte Schiller von Anfang bis Mitte Juli 1803 in Bad Lauchstädt. Womit der bekannte Mann wahrscheinlich nicht gerechnet hatte, war, daß sich für ihn erst »nach vielen Umherfragen« eine Bleibe auftreiben ließ. Schließlich fand er zwischen Allee und Komödienhaus eine Wohnung, hübsch gelegen »an einem Garten, wo die andren Hausnachbarn mir völlig fremd sind und mich nicht genieren. Ich esse in dem großen Salon [dem heutigen Kursaal] […] wobei es sehr lustig hergeht. Es sind viele sächsische auch einige preußische Offiziers hier und viele Damen, worunter es auch recht hübsche Gesichter gibt. Alle Abende wird nach dem Souper getanzt und den ganzen Tag gedudelt«, schrieb er an die zu Hause gebliebene Ehefrau. Einige Tage später fiel ihm auf, daß in Lauchstädt der Champagner »mit sündlicher Verschwendung getrunken wird«.

Die Wohnung befand sich in einem nicht mehr vorhandenen Gartenhaus auf dem Gelände des Grundstücks, dem eine 1837 erbaute und 1927/28 erweiterte klassizistische Sommervilla sein Gepräge gibt (Gedenktafel).

Im Lauchstädter Theater erlebte Schiller
Gewitter und Beifallsstürme

»Es gefällt mir bis jetzt noch recht wohl hier, obgleich der gänzliche Müßiggang mir etwas Ungewohntes ist und ich den Verlust der schönen Zeit bedaure«, schrieb Schiller schon nach wenigen Tagen aus Lauchstädt nach Weimar. Natürlich ging er viel ins Theater, so am 3. Juli in eine Aufführung seiner »Braut von Messina«. Mitten in der Vorstellung ging ein entsetzliches Gewitter nieder, »wobei die Donnerschläge und besonders der Regen so heftig schallten, daß eine Stunde lang man fast kein Wort der Schauspieler verstand und die Handlung nur aus der Pantomime erraten mußte«. Zu Ende gespielt wurde dennoch. Anderntags, als Schiller das leere Theater betrat, sah er »die häßlichen Spuren des hereingedrungenen Regens an der schönen bemalten Decke«, wie er Goethe wissen ließ. Daß der berühmte Dichter Schiller in Lauchstädt weilte, sprach sich schnell bis nach Halle und Leipzig herum. Man feierte ihn, er aber verließ, um den Huldigungen zu entgehen, das Theater meist schon, bevor der Vorhang fiel. Trotz allen Müßiggangs bilanzierte er seinen Aufenthalt durchaus positiv. »Die Ansicht eines neuen Publikums gibt mir viel neue Blicke über das theatralische Wesen, und ich bin ziemlich gewiß, daß ich künftig viel bestimmter und zweckmäßiger für das Theater schreiben werde, ohne der Poesie das geringste zu vergeben.« Als er Mitte Juli abreiste, hatte er den fertigen Entwurf des »Tell« im Gepäck.

Lauchstädt darf sich rühmen, den einzigen original erhaltenen Theaterbau zu besitzen, in dem Goethe während seiner 26 Jahre als Oberdirektor des Theaters Weimar gewirkt hat. Da der Kompatibilität wegen die Maße der Bühne exakt denen des Theaters in Weimar entsprachen, gibt das Haus zugleich Auskunft über das Theater dort, das sich an dem Platz befand, wo heute das Deutsche Nationaltheater (DNT) steht.

Als sei es erst gestern errichtet, so strahlend begrüßt uns das klassizistische Kleinod, gehalten in den nach Goethes Farbenlehre zusammengestellten Tönen Gelb, Rot, Weiß, Grau und etwas Blau. Ein von Goethe-Freund Johann Heinrich Meyer entworfene, zeltartig gespannte und bemalte Leinwanddecke wölbt sich über dem Zuschauerraum, dessen schlichte Schönheit ganz den Vorstellungen Goethes von einem »würdigen Lokal« entsprach. Auch der Bühnenunterbau mit seinem scheinbaren Wirrwarr aus Seilen, hölzernen Wellen, Rollen, Gestängen und Wagen ist funktionstüchtig und einsetzbar wie am Tag seiner ersten Inbetriebnahme vor über 200 Jahren. Diese barocke Maschinerie ermöglicht es, bei offenem Vorhang das Bühnenbild binnen 15 Sekunden zu wechseln. Ende der 1990er Jahre grundlegend saniert, wurde das Theater von Eingriffen aus der Nach-Goethe-Zeit befreit und im Arbeitsbereich behutsam modernisiert. Nur unter der Bühne bedarf es trotz Elektrifizierung hin und wieder kräftiger Männer, wenn etwa die »Königin der Nacht« im Orkus verschwinden oder ein »Luzifer« nach oben soll.

Eine Ausstellung in einem Pavillon der historischen Kuranlagen präsentiert die Lauchstädter Theatergeschichte und ihre Protagonisten. Im Park erinnert ein 1955 aufgestellter Schiller-Stein mit der Aufschrift »Der Mensch ist ein Wesen, das will!« an den berühmten Gast der Jahre 1789 und 1803.

In diesem Haus entstand der Entwurf des Gedichts
»An die Freude« (Gedenktafel)

Das 1015 erstmals urkundlich erwähnte Leipzig fand im Herbst 1989 als »Stadt der friedlichen Revolution« weltweite Aufmerksamkeit. Mit ihren Montagsdemonstrationen leiteten die Leipziger das Ende der DDR und die Wiedervereinigung Deutschlands im Jahre 1990 ein. Viele Jahrhunderte früher hatte sich der Ort zur bedeutenden Messe- und Fernhandelsstadt entwickelt. Der international anerkannte Ruf als Bach-Stadt gründet sich bis in unsere Tage auf den weltberühmten Thomanerchor und das nicht weniger geschätzte Gewandhausorchester, das Mendelssohn-Haus sowie weitere Stätten und Klangkörper der Messemetropole. Auch als Stadt des Buchdrucks und der Verlage hat die rund eine halbe Million zählende Universitätsstadt seit langem einen guten Namen, der zu allen Zeiten Dichter und Schriftsteller in die Stadt am Zusammenfluß von Elster, Pleiße und Parthe zog. Goethe, der in Leipzig studierte und der Stadt zeitlebens durch Besuche und Korrespondenz verbunden blieb, wünschte, sich ein Vierteljahr hier aufhalten zu können, »denn es stickt unglaublich viel hier beysammen. Die Leipziger sind als eine kleine moralische Republick anzusehn. [...] Reichthum, Wissenschafft, Talente, Besitzthümer aller Art geben dem Ort eine Fülle die ein Fremder wenn er es versteht sehr wohl geniessen und nutzen kann. Er muß sich nur im allgemeinen halten, und keinen Antheil an ihren Leidenschafften, Händeln, Vorliebe und Abscheu nehmen«, schrieb er Weihnachten 1782 nach Weimar*. Ein literarisches Denkmal setzte Goethe der Stadt im »Faust« mit der Szene in »Auerbachs Keller«. Der Spruch »Mein Leipzig lob ich mir! Es ist ein klein Paris und bildet seine Leute« wird zitiert bis in die Gegenwart. Ist die Medienstadt Leipzig, die beinahe Olympiastadt geworden wäre, Gastgeber für die

Fußballweltmeisterschaft 2006 sein wird, eine florierende Wirtschaft und einen der modernsten Bahnhöfe Deutschlands vorweisen kann, ist diese pulsierende sächsische Großstadt auch eine Schiller-Stadt? Immerhin weilte der Dichter 1785, 1787, 1789, 1792, 1801 und 1804 hier. Die Website der Stadt im Internet scheint dies – jedenfalls auf den zweiten Klick – zu bejahen. Die Suche unter dem Stichwort Schiller ergab im Spätsommer 2004 mehr als 50 Treffer.

»Ich kann nicht mehr in Mannheim* bleiben. [...] Ich habe keine Seele hier, keine einzige die die Leere meines Herzens füllte, keine Freundin, keinen Freund [...]. Mit dem Theater habe ich meinen Kontrakt aufgehoben, also die ökonomische Rücksicht meines hiesigen Aufenthalts bindet mich nicht mehr. [...] der Gedanke an meine Abreise macht mir Mannheim zu einem Kerker, und der hiesige Horizont liegt schwer und drückend auf mir wie das Bewußtsein eines Mordes. – Leipzig erscheint meinen Träumen und Ahndungen wie der rosichte Morgen jenseits den waldichten Hügeln«, bekannte Schiller in einem Brief an Gottfried Körner im Februar 1785. Woher und seit wann kannte er den in Leipzig lebenden Adressaten?

Fast ein Dreivierteljahr bevor jener »kolossale« Brief geschrieben wurde, erhielt Schiller im Juni 1784 von vier unbekannten Leipziger Verehrern, den Schwestern Dora und Minna Stock, der späteren Ehefrau Körners, dem Schriftsteller Ludwig Ferdinand Huber und dem Juristen, Staatsdiener (zuletzt preußischer Staatsrat) und Beförderer von Kunst und Literatur Christian Gottfried Körner eine Sendung mit Geschenken. Darunter befanden sich eine selbstgefertigte bestickte Brieftasche sowie Porträts des Leipziger Freundeskreises, welche Dora Stock, die Tochter des Kupferstechers Johann Michael Stock, bei dem Goethe dessen Kunst gelernt hatte, gezeichnet hatte. Dem Päckchen beigelegt waren begeisterte Huldigungsbriefe. In einem heißt es: »Zu einer Zeit, da die Kunst sich immer mehr zur feilen Sklavin reicher und mächtiger Wollüstlinge herabwürdigt, tut es wohl, wenn ein großer Mann auftritt und zeigt, was der Mensch auch jetzt noch vermag.« Auf die Schreiben, »die soviel Enthusiasmus und Wohlwollen gegen mich atmeten und von den schätzbarsten Zeichen Ihrer Güte begleitet waren, [...] die mich unbeschreiblich erfreuten und eine Stunde in meinem Leben auf das angenehmste aufgehellt haben«, reagierte Schiller erst nach sieben Monaten. Dies tat er dann allerdings mit einer »Schamröte [...], welche mich vor mir selbst demütigt«. Immerhin hatten die Worte des Leipziger Kleeblatts zur Folge, »daß Sie, meine Teuersten es sich zuzuschreiben haben, wenn ich die Verwünschung meines Dichterberufes, die mein widriges Verhängnis mir schon aus der Seele preßte, zurücknahm und mich endlich wieder glücklich fühlte«.

Daß sich Schiller der Verehrer zwar außerordentlich spät, aber überhaupt noch entsann, hatte mit seiner unerträglich gewordenen Lage in Mannheim zu tun. Die persönliche Bekanntschaft Schillers mit den Leipzigern konnte nur noch eine Frage der Zeit sein. »Die Dazwischenkunft einiger Umstände« verhinderte dies zwar für das Jahr 1784, »doch könnte es kommen, daß ich auf der Jubilatemesse Leipzig besuchte«, kündigte er Huber an. In einem Brief an Körner vom Februar 1785 wurde er noch deutlicher, warum er Leipzig und die noch unbekannten Verehrer unbedingt besuchen wollte: »Oh, meine Seele dürstet nach neuer Nahrung – nach bessern Menschen – nach Freundschaft, Anhänglichkeit und Liebe. [...] Meine poetische Ader stockt, wie mein Herz für meine bisherige Zirkel vertrocknete. Sie müssen sie wieder erwärmen. Bei Ihnen will ich, werd ich alles doppelt, dreifach wieder sein, was ich ehmals gewesen bin, und mehr als das alles, o meine Besten, ich werde glücklich sein. Ich war's noch nie. [...] denn Ruhm und Bewunderung und die ganze übrige Begleitung der Schriftstellerei wägen auch nicht einen Moment auf, den Freundschaft und Liebe bereiten – das Herz darbt dabei. Werden Sie mich wohl aufnehmen?«

Mitte März erreichte ihn die Einladung in die Messestadt. »Fest entschlossen«, Leipzig zum Ziel seiner Existenz, zum beständigen Ort seines Aufenthalts zu machen, bestieg Schiller am 9. April 1785 die Postkutsche Mannheim–Leipzig. Mit erheblichen finanziellen Transaktionen haben die Leipziger Gastgeber die Reise überhaupt erst ermöglicht.

*Grundstück Petersstraße 20*
*Im »Blauen Engel« stieg Schiller erstmals ab*

Am Abend des 17. April 1785 – in dem rund 30000 Einwohner zählenden Leipzig herrschte wieder einmal der übliche Messetrubel – stieg Friedrich Schiller im Hotel »Blauer Engel« ab. Hinter ihm lag alles andere als eine bequeme »Hieherreise«, wie er Buchhändler Schwan in Mannheim wissen ließ: »Morast, Schnee und Gewässer waren die drei schlimmen Feinde, die uns wechselsweise peinigten; und ob wir gleich von Vacha an immer 2 Vorspannpferde gebrauchen mußten [was die Reise teurer machte als vorausberechnet], so wurde doch unsre Reise, die Freitags beschlossen sein sollte, bis auf den Sonntag verzögert. Man behauptet auch durchgängig, daß die Messe durch die abscheulichen Wege merklich gelitten habe [...].« Huber empfing den langerwarteten Gast, bemühte sich aber schon kurze Zeit später um ein ihm passender erscheinendes Zimmer im nahe gelegenen Hotel »Kleines Joachimsthal«.

An den »Blauen Engel« und Schillers Aufenthalt an diesem Platz erinnert heute nichts mehr. Das Hotel befand sich etwa auf dem Grundstück in der Petersstraße, auf dem lange das Kino »Capitol« stand; sein künftiger Bau wird, wie schon seit 1928/29, wieder »Petershof« heißen.

Schon einen Tag nach seiner Ankunft wurde Schiller von Huber den Schwestern Stock vorgestellt, die im Haus »Zum silbernen Bären« in der Universitätsstraße 18 wohnten; Körner hatte zu dieser Zeit dienstlich in Dresden zu tun. Persönlich begegneten sich die beiden Männer erst am 1. Juli 1785, und zwar auf dem Gut Kahnsdorf bei Borna, das einer Verwandten Körners gehörte. Von der Erscheinung des eher schüchternen jungen Mannes müssen die Damen wohl ebenso überrascht gewesen sein wie andere Leipziger, denen er alsbald begegnete. »Vielen wollte es gar nicht zu Kopfe, daß ein Mensch, der die ›Räuber‹ gemacht hat, wie andre Muttersöhne aussehen soll. Wenigstens rundgeschnittene Haare, Kurierstiefel und eine Hetzpeitsche hätte man erwartet«, notierte er. Im »Joachimsthal« wurde auch der Brief geschrieben, in dem Schiller bei dem Mannheimer Buchhändler Schwan um die Hand dessen »liebenswürdiger«, »vortrefflicher«, »edler« Tochter anhielt. Mit dem Antrag verband er das Versprechen, in Leipzig »sehr fleißig zu sein« und, »was Ihnen vielleicht das Angenehmste zu hören sein wird, unvermerkt mich wieder zu meiner Medizin zu bekehren«. Warum aus der Sache nichts geworden ist, blieb Schwan ein Rätsel. Überliefert ist seine Bemerkung, »glücklich wäre Schiller mit meiner Tochter nicht gewesen«.

Anstelle des nahe am Markt gelegenen »Joachimsthals« steht ein 1906 erbautes, im Zweiten Weltkrieg beschädigtes, seit 1999/2000 weitgehend neues Gebäude. An dem Haus erinnert ein Medaillon des Dichters – und, so wird vermutet, das seiner späteren Frau – daran, daß dieser hier mehrfach wohnte – so auch im August 1789 mit Charlotte von Lengefeld, die ihm kurz vor dem hiesigen Zusammentreffen von Bad Lauchstädt* aus brieflich das Ja-Wort zur Verlobung gegeben hatte.

Leipzig im Messetrubel. Da läßt sich »eigentlich niemand ganz genießen, und die Aufmerksamkeit auf einzelne verliert sich in dem Getümmel«. Dennoch machte Schiller schon binnen weniger Tage »unzählige Bekanntschaften«, erreichten ihn »verführerische Einladungen nach Berlin* und Dresden*«, von denen er glaubte, ihnen »schwerlich wohl widerstehen« zu können. Der Ort, an dem ihm die »angenehmste Erholung« widerfuhr, wo er »die halbe Welt Leipzigs« beisammenfand und seine Bekanntschaften mit Einheimischen und Fremden erweiterte, war das 1701–1704 von dem Ratsmaurermeister Gregor Fuchs für Bürgermeister Franz Conrad Romanus erbaute repräsentative Haus am Brühl. 1770 erwarb der Weinhändler Richter das reich verzierte fünfstöckige Gebäude und eröffnete in der zweiten, durch einen kleinen Balkon herausgehobenen Etage ein Café. Hier traf Schiller auf den fatalen Schwarm von Leuten, »die wie Geschmeißfliegen um Schriftsteller herumsumsen, einen wie ein Wundertier angaffen und sich obendrein gar, einiger vollgeklecksten Bogen wegen, zu Kollegen aufwerfen«. Aber freilich lernte er auch »Menschen von Wert und Bedeutung« kennen: den Buchhändler Georg Joachim Göschen, der mit Körners finanzieller Beteiligung 1785 einen Verlag gründete; den Kaufmann Johann Friedrich Kunze und dessen Frau, die Schiller bei finanziellen Problemen und manchen Alltagssorgen in Anspruch nehmen konnte; den Landschaftsmaler und Radierer Johann Christian Reinhart, der den Dichter mehrmals porträtierte und mit ihm auch in Verbindung blieb, als er 1789 von Leipzig nach Rom übersiedelte; schließlich Johann Adam Hiller, Gewandhauskapellmeister und nach Johann Sebastian Bach vierter Thomaskantor, den Schiller zu den interessantesten Bekanntschaften in der ersten Woche seines Leipziger Aufenthaltes zählte.

Die weniger angenehme Seite dieser Zeit erfuhr Körner per Briefpost: »Du kannst leicht urteilen, was mich das Vierteljahr, seitdem ich in Leipzig bin, gekostet hat.« Schiller brauchte wieder einmal »höchst notwendig Geld« – und bekam es. Mehr noch, Körner antwortete: »Über die Geldangelegenheit müssen wir uns einmal ganz verständigen. Du hast noch eine gewisse Bedenklichkeit, mir Deine Bedürfnisse zu entdecken […]. Ich weiß, daß Du imstande bist, sobald Du nach Brot arbeiten willst, Dir alle Deine Bedürfnisse zu verschaffen. Aber ein Jahr wenigstens laß mir die Freude, Dich aus der Notwendigkeit des Brotverdienens zu setzen.«

Das Romanushaus wurde 1996–1998 aufwendig saniert. Ein Café gibt es dort nicht mehr, und leider erinnert auch keine Gedenktafel an jene berühmte Epoche.

*Das Schillerhaus in Leipzig-Gohlis (Menckestraße 42)*
*Wo das Lied »An die Freude« entworfen wurde*

»Man pflegt hier in vielen Familien den Sommer über auf den benachbarten Dörfern zu kampieren und das Land zu genießen. Ich werde auch einige Monate in dem Orte Gohlis [der damals noch nicht zu Leipzig gehörte] zubringen, der nur eine Viertelmeile von Leipzig entlegen ist und wohin ein sehr angenehmer Spaziergang durch das Rosental führt.« Zusammen mit Göschen fand Schiller im Dreiseithof des Bauern Christoph Schneider sein Sommerquartier, wo er von Mai bis September 1785 blieb. Wiewohl er am »Don Carlos« schrieb, den bereits fertiggestellten »Fiesko« bearbeitete und mit Göschen über die »Rheinische Thalia« und weitere Ideen sich austauschte, war die Zeit in Gohlis eine der unbeschwertesten seines Lebens. »Freundschaftskult« würden wir möglicherweise nennen, was die Wochen und Monate damals ausmachte. Ein Auszug aus einem langen, schwärmerisch-freudetrunkenen Brief an Körner, geschrieben nach einem Frühstück mit Freunden in der Schenke,

Ein Medaillon am vormaligen Hotel »Joachimsthal«
erinnert an den berühmten Gast

mag die Atmosphäre vergegenwärtigen: »Deine Gesundheit wurde getrunken. Stillschweigend sahen wir uns an, unsere Stimmung war feierliche Andacht, und jeder von uns hatte Tränen in den Augen, die er sich zu ersticken zwang. Göschen bekannte, daß er dieses Glas Wein noch in jedem Gliede brennen fühlte, Hubers Gesicht war feuerrot, als er uns gestand, er habe noch keinen Wein so gut gefunden, und ich dachte mir die Einsetzung des Abendmahls. […] Teuerster Freund, hättest Du Deine Verherrlichung in unseren Gesichtern gesehen – in der vom Weinen erstickten Stimme gehört: in dem Augenblicke hättest Du sogar Deine Braut vergessen, keinen Glücklichen unter der Sonne hättest Du beneidet. – – Der Himmel hat uns seltsam einander zugeführt, aber in unserer Freundschaft soll er ein Wunder getan haben.« Ein solcher Überschwang der Gefühle stimulierte die poetische Phantasie. In Gohlis entstand der Entwurf des Liedes »An die Freude«, das Körner als erster in Noten setzte. Während diese Komposition schnell in Vergessenheit geriet, erlangte die im Spätherbst in Dresden fertiggestellte Endfassung von »Freude, schöner Götterfunken« in der Vertonung durch Ludwig van Beethoven als Schlußchor der Neunten Sinfonie unvergänglichen Ruhm.

Das Schillerhaus ist im gesamten Stadtgebiet von Leipzig das einzige erhaltene Bauernhaus aus dem frühen 18. Jahrhundert – und schon deswegen eine Attraktion. Nach seiner grundlegenden Sanierung 1997/98 präsentiert sich das vom Leipziger Hauptbahnhof aus mit der Straßenbahn in zirka 15 Minuten zu erreichende Gebäude als weitgehend authentische Schillerstätte. Die Räume des Hauses – so das Göschenzimmer, die Bauernstube, die Schillerstube und die Schlafkammer – werden museal genutzt.

Schillers geradezu ärmliche Kammer ist, wie von Zeitzeugen überliefert, weiß gestrichen und mit gemalten Bändern verziert. Der aufgestellte Tisch soll aus dem Hotel »Kleines Joachimsthal« stammen und von Schiller dort benutzt worden sein.

In der Nähe des Schillerhauses befindet sich das »Gohliser Schlößchen«, in dessen Salon Schiller gelegentlich ge-
dichtet haben soll.

## Ehemaliges Ranstädter Tor / Am Brühl
### Wo das Theaterpublikum Schiller feierte

Am 11. September 1801 wurde in dem »Comödienhaus« auf
der niedergelegten Ranstädter Bastei Schillers Stück »Die
Jungfrau von Orleans« uraufgeführt. Zur dritten Vorstellung,
eine Woche später, war der Dichter mit seiner Familie angereist. Mit welchen Erwartungen wird er in der Loge gesessen
haben? Kein Geringerer als der Freund und Theaterfachmann
Goethe hatte ihn im Mai 1800 vom Leipziger Theater wenig
Gutes mitgeteilt: »Von Kunst und Anstand keine Spur. Eine
Wiener Dame sagte sehr treffend: die Schauspieler thäten auch
nicht im geringsten als wenn Zuschauer gegenwärtig wären.
Bey der Recitation und Declamation der meisten bemerkt
man nicht die geringste Absicht verstanden zu werden. [...]
Dem Publikum hingegen muß ich in seiner Art Gerechtigkeit
wiederfahren lassen, es ist äußerst aufmerksam [...]. Man ap-
plaudiert öfters den Verfasser, oder vielmehr den Stoff den er
behandelt [...].« So geschah es auch an diesem Abend. Schon
nach dem ersten Akt und am Schluß des Stückes klatschte das
Publikum in dem ausverkauften Haus begeistert Beifall. Es
wurde berichtet, daß zu Ehren Schillers ein vielstimmiges
Vivat erklang und das Publikum nach der Vorstellung für den
zutiefst gerührten Gast aus Weimar* Spalier stand.

   Das auf Kosten des Leipziger Pelzhändlers und Kunst-
freundes Gottlieb Benedict Zehmisch erbaute Theater war
1766 eröffnet, 1817 umgebaut und nach der Fertigstellung
des neuen Theaters am Augustusplatz 1868 »Altes Theater«
genannt worden. An der Stelle des im Zweiten Weltkrieg
völlig zerstörten Hauses befindet sich heute eine kleine
Park- und Freizeitanlage.

Am Haupteingang der Semper-Oper begrüßt
Friedrich Schiller die Besucher

Die 515000 Einwohner zählende Landeshauptstadt des Freistaates Sachsen als einen weltbekannten kulturellen Mittelpunkt detailliert vorstellen zu wollen hieße sehr wahrscheinlich, Eulen nach Athen zu tragen. Was mit der Herrschaft der Albertiner im 15. Jahrhundert begann, setzte sich in der Residenzstadt (bis 1918) über die Jahrhunderte mit nur geringen Unterbrechungen bis in die Gegenwart fort. Die Barockstadt Dresden eroberte sich europaweit den Ruf, eine ausgezeichnete Metropole der Malerei, der Architektur, der Musik, des Theaters und des Tanzes zu sein. Für Goethe, der das damals von rund 40000 Menschen bewohnte Dresden lange vor Schiller und immer wieder gern besuchte, war die Stadt das deutsche Rom. »Dresden ist ein Ort, der herrlich ist, und wenn mirs erlaubt wäre ein kleines Supplement daran zuzufügen, so wünschte ich mich nie heraus.« So wie er sich jedesmal »an der Gallerie, den Antiken und Gipsen« ergötzte, empfahl er stets auch anderen diesen Ort, »der doch mitten in der bewohnten Welt liegt, an Reizen der Natur und Kunst reich ist und von Fremden viel besucht wird«. Seinen Sohn August gemahnte er: »Thue in Dresden die Augen auf so gut du kannst und übereile dich nicht, du möchtest so bald nicht wieder hinkommen und hast dort sehr viel zu gewinnen [...]. Um Dresden mußt du die Natur beschaulich genießen, in Dresden die Kunstwerke aller Art, die näher beysammen stehn als irgendwo und auf einem echten Grund und Boden.«

Ein Vergeltungsbombardement durch britische und amerikanische Flieger im Februar 1945, dem 35000 Menschen zum Opfer fielen, zerstörte die militärisch bedeutungslose Stadt schwer. Auch weltberühmte Bauwerke wie das wiedererstehende Schloß mit der Hofkirche, die Kreuzkirche, die

Frauenkirche, der Zwinger, die Semper-Oper, die Kunst-
galerie und Kunstakademie an der Brühlschen Terrasse sowie mehrere Palais und Elbbrücken fielen in Schutt und
Asche. Wurden einige der stadtbildprägenden Bauten schon
unmittelbar nach Kriegsende wiederhergestellt, so ist das
Schloß noch immer eine Baustelle. Unmittelbar vor ihrer
Wiederweihe steht die Frauenkirche, mit deren spektaku-
lärem Aufbau nach der Wende von 1989 begonnen wurde.

Mit 63 Prozent Wald- und Grünfläche gilt Dresden als
eine der grünsten Städte Europas. Im Norden erstreckt sich
die Dresdner Heide, im Zentrum liegt der (auch von Schiller besuchte) Große Garten. Nicht weit ist es zum Natur-
park Sächsische Schweiz. Auf einer Länge von etwa 30 Kilo-
metern fließt die Elbe durch die Stadt. Breite Wiesen und
sanfte Weinhänge säumen den Fluß; acht Brücken über-
spannen ihn innerhalb der Stadtgrenzen. Friedrich Schiller,
der erstmals im September 1785 nach Dresden kam und hier
bis zu seinem Aufbruch nach Weimar* im Juli 1787 blieb,
empfand diese Landschaft wie seine schwäbische Heimat:
»Als auf einmal, und mir zum ersten Mal, die Elbe zwischen
2 Bergen heraustrat, schrie ich laut auf. O mein liebster
Freund, wie interessant war mir alles! Die Elbe bildet eine
romantische Natur um sich her, und eine schwesterliche
Ähnlichkeit dieser Gegend mit dem Tummelplatz meiner
frühen dichterischen Kindheit macht mir sie dreifach teuer.
Meißen*, Dresden und seine Gegenden gleichen ganz in
die Familie meiner vaterländischen Fluren«, schrieb er am
13. September 1785 in seinem »ersten Brief, der von Dresden handelt«, an den vorläufig in Leipzig* gebliebenen
Schriftsteller und Freund Ludwig Ferdinand Huber. Warum
hatte es Schiller, der die Stadt nochmals im Frühjahr 1792
und im Hochsommer 1801 für jeweils vier Wochen besuchte,
für fast zwei Jahre nach Dresden verschlagen?

Am Nachmittag des 7. August 1785 vermählte sich in der
Messestadt Leipzig Schillers generöser Förderer und le-
benslanger Freund Gottfried Körner mit Minna Stock, der

Tochter des Kupferstechers Johann Michael Stock. Mit dem jungen Paar und dessen Bekannten hatte sich Schiller, seit er Mannheim* verlassen und in Leipzig eingetroffen war, aufs engste angefreundet. Bereits im Mai 1783 wurde Körner als damals jüngster Rat an das Oberkonsistorium, die Regierungsbehörde für das Kirchen- und Schulwesen, sowie als Assessor der Landesökonomie-, Manufaktur- und Kommerzdeputation (einer Art Industrieministerium) in die kursächsische Residenz Dresden berufen, wo er später auch als Rat am Oberappellationsgericht, der höchsten sächsischen Berufungsinstanz, tätig war. Diese beruflichen Gründe veranlaßten die Körners, nach Dresden überzusiedeln. Sozusagen über Nacht fühlte sich der allein gelassene Mittzwanziger Schiller im Sommerquartier Leipzig-Gohlis »einsiedlerisch, traurig und leer«. Tristes Wetter und der Verlust der Freunde ließen ihn klagen, die ganze Gohliser Gegend komme ihm vor »wie ein angeputzter Leichnam auf dem Paradebette – die Seele ist dahin«. Bei solch engem Bunde ist anzunehmen, daß an keine Trennung auf Dauer gedacht war. Daß Schiller den Freunden irgendwann nachfolgen würde, darüber wird man gesprochen haben. »Oh, mein bester Freund, wie schön liegt die Dresdner Zukunft vor meinen Augen, wie fange ich jetzt an, mich meines Lebens zu freuen, weil ich es würdig genießen will«, antwortete er am 11. Juli 1785 auf das Angebot Körners, ihn für ein Jahr aus der Notwendigkeit des Brotverdienens zu setzen. Daß die Körners jedoch schon drei Wochen nach ihrer Abreise ein Brief erreichte, in dem Schiller die Freunde dringend bittet, sie besuchen zu dürfen, zeigt an, wie schmerzlich ihn das Alleinsein traf. Die Einladung an die Elbe kam postwendend, und genauso zügig bestieg Schiller am 11. September 1785 um 4 Uhr früh die Kutsche.

Was ihn erwartete, war eine Zeit materieller Sicherheit und unbeschwerten Arbeitens. Ein Brief an die Schwester Christophine Reinwald in Meiningen* vermittelt etwas von der Dresdner Atmosphäre: »Meine Schwester irrt sich wenn sie glaubt daß ich an der großen Welt hänge. Ich lebe hier wie ein Einsiedler, und habe fast alle Bekanntschaften vermieden. Meine Freunde sind mir genug. Überhaupt liebe ich die Stille.« Bei den Körners fühlte er sich nicht nur als willkommener Besucher, sondern war auch ganz in das Alltagsleben der wohlhabenden jungen Familie integriert. Folgerichtig fand das in Leipzig begonnene »Lied an die Freude« in Dresden seine Vollendung. Allerdings hatte der familiäre Anschluß auch seine Kehrseiten. Harmlos und heiter nahm es der »Haus- und Wirtschaftsdichter« zwar, wenn ihn die »weibliche Waschdeputation« der Körners nicht zum Arbeiten am »Carlos« kommen ließ. In einer darob vom »niedergeschlagenen Trauerspieldichter« verfaßten und dem Hausherrn überreichten »Bittschrift« ist u. a. zu lesen: »Dumm ist mein Kopf und schwer wie Blei, / Die Tobaksdose ledig, / Mein Magen leer – der Himmel sei / dem Trauerspiele gnädig. / [...] / Die Wäsche klatscht vor meiner Tür, / es scharrt die Küchenzofe – / und mich – mich ruft das Flügeltier / Nach König Philipps Hofe. / [...] / Schon ruft das schöne Weib Triumph / Schon hör ich – Tod und Hölle! / Was hör ich? – einen nassen Strumpf / geworfen in die Welle. / Und weg ist Traum und Feerei, / Prinzessin, Gott befohlen! / Der Teufel soll die Dichterei / Beim Hemderwaschen holen.« Zu Herzen ging ihm, daß er den vermutlich durch Scharlach verursachten Tod seines fünf Monate alten Patensohns Johann Eduard miterleben mußte, ohne helfen zu können. An der Seite anderer herbeigerufener Ärzte wachte er am Bett des Kindes. Wie unter »Betäubung« berichtete er Wilhelmina Friederika Schneider, der Frau eines befreundeten Leipziger Buchhändlers, von dem tragischen Ereignis: »Die Situation war schrecklich für unsern Koerner – für uns. Der Schmerz der Mutter machte uns stumpf für den Verlust des Kindes. Wir zitterten nur für sie – besonders da zu ihrer schrecklichen Seelenlage nun noch die Abtreibung der Milch kömmt.«

Von Monat zu Monat mehr bedrückte ihn die inzwischen

als aufgenötigt empfundene materielle Unabhängigkeit. Noch war er kein Jahr in Dresden, da stellten sich erste Gedanken an eine Trennung von den Körners ein. Mit Blick in die Zukunft wurde ihm klar, wieviel er bisher dem Zufall überlassen hatte. »Diese schwankende Lage meines Schicksals hat mich gezwungen, manche Idee abzuweisen, die meine Phantasie sich gebildet hatte. Unabhängigkeit, die ich sonst für das höchste Gut gehalten, wird mir nunmehr eben dadurch lästig, weil sie mir aufgedrungen wird«, schrieb er im Mai 1786 von Dresden an den bereits berühmten Schriftsteller Christoph Martin Wieland in Weimar, bei dem er sich in Erinnerung bringen wollte.

Einen Silberstreif am Horizont glaubte er in Hamburg zu sehen, wo sich der Schauspieler, Theaterautor und Theaterdirektor Friedrich Ludwig Schröder für ihn und seine Arbeiten interessierte. Zahlreiche Briefe wechselten zwischen der Elbestadt Dresden und Hamburg an der Elbe und mit ihnen das Versprechen, der »Carlos« werde auf den Jänner fertig sein (was er erst ein halbes Jahr später war). In bezug auf eine Bühnenfassung des Stücks wünschte Schiller u. a. zu wissen, »ob ich mir im Punkte des Katholizismus, der Geistlichkeit, und der Inquisition einige Freiheiten erlauben darf oder ob es notwendig ist, daß ich den Dominikaner weltlich mache und die verfänglichen Stellen streiche«. Und ob die Aufführung gute drei Stunden dauern dürfe, fragte er an. Worauf er besonders Wert legte, war die Qualität auch der untergeordneten Schauspieler, da für gewöhnlich »unter 12–15 Personen […] nicht alle Meister sein« können. Hatte ihn zu dieser Frage das Erleben des Dresdner Theaters veranlaßt, von dem wir bei Goethe nach einem Besuch im Schauspiel lesen, daß ihm »so ein Schreckniß« niemals vorgekommen sei und ihm dabei so angst wurde, daß er flüchtete? Schiller jedenfalls muß ähnliche Erfahrungen gemacht haben. Wie sonst ist jene Passage im Brief nach Hamburg zu erklären, der die Bühnenfassung des »Carlos« begleitete: »Möchte ich nun auch gleich die Früchte meiner Mühe genießen und im Anblick meines ›Karlos‹ auf Ihrer Bühne schwelgen können! [...] Ich werde Sie sehen, und mein beinahe erstorbenes Kunstgefühl für das Theater wird neu in mir aufwachen. Von Ihnen hoffe ich diese Aussöhnung meiner Muse mit der Bühne, welche die meisten Theater, die ich jetzo noch gesehen, mehr entfernt als erleichtert haben.« Am 29. August 1787 wurde der »Don Carlos« mit Schröder in der Titelrolle in Hamburg uraufgeführt. Monate später lud der Theaterdirektor den Autor ein, an seinem Haus als Dramaturg zu arbeiten. Dieser lehnte ab, kündigte aber seinen Besuch an, zu dem es jedoch nicht kam.

Am 20. Juli 1787 vollzog Schiller, was über Monate gereift war: Mit dem Ziel Weimar bestieg er die Kutsche, die ihn von Dresden nach Leipzig und schließlich über Naumburg in die Stadt an der Ilm brachte, wo er Wieland schon zwei Tage nach seiner Ankunft besuchte.

*Haus Nr. 7 Am Kohlmarkt*
*(Grundstück des heutigen Hotels Bellevue)*
*Wo das Stadthaus der Familie Körner stand*

»Unsere Hieherreise war wirklich sehr angenehm, schade nur, daß der Abend und die Nacht uns beim Eintritt in die schönren Landschaften überfielen.« Es war kurz vor Mitternacht des 11. September 1785, als die Kutsche vor dem Hotel »Goldener Engel« in der Wilischengasse 7 hielt (das im Krieg zerbombte Hotel stand in der heutigen Wilsdruffer Straße nahe dem Altmarkt). In die Stadt hinein war sie über die Hauptstraße von Dresden-Neustadt gefahren, die in den Augen des anhalt-bernburgischen Hofmalers Wilhelm von Kügelgen (1802–1867) die »schönste und freundlichste Straße Dresdens« war. Als Schiller über die in die Altstadt führende Elbbrücke rollte, sah er hinter sich »in der Neustadt, in der Gegend, worin ich Körners Haus vermutete, einige Häuser erleuchtet, und mein Herz wollte mich bereden, daß Körners darunter war«, notierte er. Am nächsten Tag ließ er sich wegen des starken Regens in einer Portechaise zu dem nur wenige Minuten vom Hotel entfernten Stadthaus der Körners tragen. Das Wiedersehen war »himmlisch«. Der in Leipzig zurückgebliebene Huber erfuhr, daß die Körners »äußerst niedlich und bequem« wohnen, auch wenn die Zimmer »freilich etwas niedrig« seien. Die schöne Einrichtung jedoch und die »über alle Beschreibung« herrliche Aussicht über die Elbe schienen dieses kleine Manko schnell vergessen zu machen. Das Körnersche Haus wurde zum geistigen Mittelpunkt der Stadt, dem man hohes geistiges Niveau, unkonventionelle Ideen und Weltoffenheit nachsagte. Hier konnte der Hausherr neben Schiller auch Mozart, Goethe, Wieland, Herder, die Brüder Humboldt, Schlegel und Novalis sowie andere Musiker, Philosophen, Naturwissenschaftler und Schriftsteller begrüßen.

Gemäß der Sitte der Zeit hatte sich Körner, wie andere begüterte Bürger auch, schon bald nach seinem Eintreffen in Dresden im damaligen Vorort Loschwitz einen Weinberg gekauft, der 33 Jahre in seinem Besitz blieb. Am unteren Ende durch ein großes Wohnhaus abgeschlossen, stand nahe der oberen Grundstücksgrenze ein »Juchhöh« (Gartenpavillon). Zu diesem in der schönen Jahreszeit als Wohnung genutzten Anwesen fuhr man noch am frühen Abend des Wiedersehens mit dem Freund und blieb für dieses Jahr bis zum 20. Oktober.

Das bereits ab 1875 als Körner-Museum genutzte Stadthaus an den breiten Elbwiesen fiel dem Bombenangriff vom Februar 1945 zum Opfer. Auf dem Gelände des damaligen Gebäudes steht heute das Hotel »Bellevue«, in dessen Garten ein Denkmal an die Tradition des Vorgängerbaus erinnert.

Sommersitz von Schillers engstem Freund
Gottfried Körner in Loschwitz

Von Dresdens historischer Mitte zum Sommersitz der Körners in dem heute zur Landeshauptstadt gehörenden Loschwitz brauchte man mit der Kutsche eine Stunde. Die Fahrt führte durch »die himmlischste Gegend. [...] Alles hier herum wimmelt von Weinbergen, Landhäuschen und Gütern.« Das Wohnhaus sei viel größer als jenes in Gohlis*, tat der begeisterte Besucher kund. Und von dem artigen Gartenhäuschen habe er bei Sonnenuntergang eine Aussicht »ganz zum Entzücken«. Sie reichte über die Elbtalweitung von Meißen* bis zur Sächsischen Schweiz und südwärts bis zum Osterzgebirge. Schiller bezog höchstwahrscheinlich ein Zimmer in dem inzwischen außen zwar sanierten, in der Kubatur aber weithin unverändert erhaltenen zweistöckigen Wohnhaus (Gedenktafel), das eines der ältesten Landhäuser von Loschwitz ist. Um die Forschung auf Schillers Spuren, insbesondere um deren Verortung in Dresden, hat sich seit den 1960er Jahren der Germanist und Anglist Dr. Günter Klieme verdient gemacht. Auch er bestätigt, daß Schiller in Loschwitz ein Zimmer im unteren Wohnhaus bezogen habe und nicht, wie eine Gedenktafel ausweist, in dem oberen Pavillon. Wie auch immer, der Weinberg hatte »Terrain genug«, sich hier wohl zu fühlen. »Diese Nacht habe ich zum ersten Mal unter einem Dache mit unsern Lieben geschlafen. Minna ist ein so liebes Hausweibchen. Sie haben mich gestern nacht in Prozession auf mein Zimmer gebracht, wo ich alles zu meiner Bequemlichkeit schon bereitet fand. Heute beim Erwachen hörte ich über mir auf dem Klaviere spielen, Du glaubst nicht, wie mich das belebte«, schwärmte er in einem Brief an Huber. Dieser erste Aufenthalt im Körnerschen Sommerquartier währte rund sechs Wochen. Zurück in Dresden, verschickte er seine Winteradresse: Dresden-Neustadt auf dem Kohlmarkt im Fleischmännischen Hause 1. Treppe – in Körners Nachbarschaft. Damit ihn die Post ja nicht verfehle, ermahnte er die möglichen Briefschreiber, unbedingt »Dresden-Neustadt auf die Adresse zu setzen, weil für Neustadt und Altstadt besondere Büros sind«.

Der Weinberg wurde nach einem vernichtenden Reblaus-Befall nicht wieder aufgerebt. Im Garten des Wohnhauses am Körnerweg steht noch eine der zwei Weymouthskiefern, welche die Eltern zur Geburt ihrer Kinder Theodor und Emma pflanzten. Gegenüber der oberen Grundstücksgrenze (Schillerstraße) steht ein Denkmalbrunnen, der anläßlich von Schillers 100. Todestag im Jahre 1905 eingeweiht wurde. Das nach einem Entwurf des Loschwitzer Architekten Martin Pietzsch gestaltete Denkmal zeigt Ereignisse aus dem Leben Schillers und seiner gastgebenden Dresdner Familie.

### »Schillergarten« in Dresden-Blasewitz

Bei seinen Spaziergängen durch Loschwitz und Umgebung machte Schiller des öfteren im Gasthof Blasewitz, dem heutigen »Schillergarten«, Station. Das in Dresden eingemeindete Blasewitz liegt Loschwitz auf der anderen Elbseite direkt gegenüber. Ein von dem bekannten Berliner Vater der Plakatsäule, Ernst Litfaß, gestifteter schlichter Stein unter den Bäumen des Biergartens erinnert seit Schillers 100. Geburtstag 1859 daran, daß es sich der Dichter hier hat wohl sein lassen. Glaubt man der Überlieferung, so soll Schiller auf die Tochter der Gastwirtswitwe, Johanne Justine Segedin, ein Auge geworfen und sie später als »Gustel von Blasewitz in »Wallensteins Lager« verewigt haben. Ihr ist eine von Martin Engelke geschaffene Statue am ehemaligen Rathaus der Gemeinde Blasewitz (Naumannstraße 5, nahe Schillerplatz) gewidmet.

Auf die Brühlsche Terrasse führte Schiller gern seine Gäste

Im Mai 1786 war der Mannheimer Buchhändler Christian
Friedrich Schwan mit seinen Töchtern in Dresden zu Besuch – ein Wiedersehen, das Schiller erfreute. Denn Schwan
war »der erste Ausländer, der mir sagte, ich wäre etwas, der
erste überhaupt, der meine Schriftstellerei angeworben und
der keinen geringen Anteil an der Fortdauer meiner Auto-
renschaft hat. Von meinen eigenen Landsleuten ignoriert,
empfing ich von ihm die erste Opferung, und die erste ist so
süß, so unvergeßlich.« Möglicherweise schwang in der Vorfreude die Erinnerung an seine Werbung um eine Tochter
Schwans mit. Verbürgt ist, daß Schiller mit den Mannheimer Gästen auf der Brühlschen Terrasse, dem »Balkon Dresdens«, spazierenging und man sich bei dieser Gelegenheit
auch die Kunstsammlung im Stallhof ansah, der zum Schloß
gehört und dessen Außenfassade der berühmte »Fürsten-
zug« ziert.

Im Museum zur Dresdner Frühromantik in Dresden-
Neustadt (Kügelgen-Haus, Hauptstraße 13) wird in einem
der Räume an Schillers Aufenthalte in der Stadt erinnert.
Unweit davon, auf einem kleinen Platz nahe der Dreikö-
nigskirche (Hauptstraße/Ecke Königstraße), steht das 1914
eingeweihte, in der Manier des Jugendstils geschaffene
marmorne Schiller-Denkmal des Bildhauers Gustav-Selmar
Werner. Am Haupteingang zur wiederaufgebauten Semper-
Oper »begrüßen« die in Stein gehauenen Herren Goethe
und Schiller die Besucher. Zur Innengestaltung gehören
Wandbilder mit Szenen aus Schillers Dramen.

# Tharandt

War Bauerbach\* für den flüchtigen Schiller ein Asyl, so hatten die Körners sich das kleine Städtchen Tharandt bei Dresden\* als eine Art Verbannungsort für ihr »Familienmitglied« Friedrich Schiller gedacht. Den Erholungsort am Schloitzbach und an der Wilden Weißeritz – die sich über die Maßen wild auch während des Jahrhunderthochwassers 2002 gebärdete – überragt eine auf einem Bergsporn um 1200 von Markgraf Dietrich von Meißen\* errichtete Burg. Die nach einem Blitzschlag im 16. Jahrhundert übriggebliebenen Reste werden seit den 1990er Jahren saniert. In dem Ort gründete Heinrich Cotta 1811 eine Forstlehranstalt, die später den Rang einer Forstakademie erhielt.

*Gasthof »Zum Hirsch« (Dresdner Straße 4)*
*Wo Schiller logierte und den »Carlos« beendete*

Im Tal des Städtchens Tharandt, unterhalb von Burg und Kirche, steht ein zweistöckiges Gebäude, dessen Erdgeschoß verputzt und das darüberliegende in Fachwerk ausgeführt ist. Eine »von den Kindern der Bürgerschule« zu Schillers 100. Todestag gestiftete Gedenktafel erinnert an den Aufenthalt des berühmten Gastes im damals ersten Haus am Platze von Mitte April bis Ende Mai 1787. Was führte Schiller in die zwar schöne, aber doch einigermaßen gottverlassene Gegend? Und wieso waren die ihn von Dresden aus begleitenden Körners besorgt, er könnte auf halbem Wege wieder umkehren?

Eher in einem Nebensatz erfuhren Empfänger Schillerscher Briefe von einer »Frauengeschichte«. An den Rigaer Theaterdirektor Siegfried Gotthelf Koch hatte er von

Dresden aus geschrieben: »Als wir uns hier von einander trennten, ist mir von einem Mädchen das Sie gesehen haben der Kopf so warm geworden, daß ich Ihre Adresse in Berlin darüber vergessen habe. Wir sind ja allzumal Sünder und Sie werden ja wol auch noch an die Zeiten zurückdenken können, wo Sie von ein paar Augen aus dem Concept gebracht wurden.« Und dem Direktor des Hamburger Theaters, Friedrich Ludwig Schröder, erklärte er die um etwa ein halbes Jahr verspätete Sendung des »Don Carlos« so: »Eine Abhaltung, und die stärkste, könnt ich Ihnen nennen, weil sie sehr – menschlich ist, aber ich brauche mein Papier jetzt zu notwendigern Dingen.« Die »Abhaltung« hieß Henriette von Arnim und war die 19jährige Tochter einer Kammerdame von nicht allerbestem Ruf. Schiller hatte sie bei einem Maskenball kennengelernt und sich in sie verliebt. Wie sich bald herausstellte, fürchteten die Körners nicht ohne Grund diese Verbindung. Schillers Arbeit stockte. Deshalb überredeten sie ihn zum Aufenthalt im abgeschiedenen Tharandt – nicht ohne dabei zu hoffen, die noch frische Liaison mit Henriette werde verblassen.

Die erste Woche wurde ihm der Gasthof zum bedrohlichen Exil. Morastiges Wetter (»Schnee und Hagel wirft mir beinahe Türen und Fenster ein«) hinderten ihn am Verlassen des Hauses, statt dessen trank er aus lauter Verzweiflung Bier und zog sich dabei bisher nicht gekannte Schmerzen im Unterleib zu. Über das Ordnen von Bruchstücken und die Übersetzung seiner Prosa in Jamben kam er zunächst kaum hinaus. Da Göschen in Leipzig* mit dem Herstellen der bereits erhaltenen »Carlos«-Manuskripte nicht so schnell vorankam, wie von Schiller erwartet, nahm er sich Zeit und überlegte sogar, noch eine Szene dazuzuschreiben. Ohnehin grollte er dem Verleger, da ihm der bisherige Druck des »Carlos« ganz und gar nicht gefiel. »Das schlimmste ist daß eine ungleiche Orthographie, trotz des Versprechens vom Corrector hineingekommen ist; seyn und sein, wechselt ab, wie es dem Setzer eingefallen ist. […] Ich tröste mich mit der zweiten Auflage«, schrieb er Körner nach Dresden. Als der Frühling endlich kam, fand der Dichter auch zur Arbeit zurück und beendete den »Carlos«.

Aus Tharandt gingen auch Briefe an Henriette von Arnim ab. Das Verhältnis der beiden klärte sich. Als die junge Frau um einen Eintrag in ihr Stammbuch bat, widmete ihr Schiller ein längeres Gedicht, das mit den Versen beginnt: »Ein treffend Bild von diesem Leben, / Ein Maskenball hat dich zur Freundin mir gegeben. / Mein erster Anblick war – Betrug. / Doch unsern Bund, geschlossen unter Scherzen, / Bestätigte die Sympathie der Herzen / Ein Blick war uns genug […]!«

Ein Panorama, das schon Schiller begeisterte

»Täglich wird mir die Geschichte teurer. Ich habe diese Woche eine Geschichte des Dreißigjährigen Kriegs gelesen, und mein Kopf ist mir noch ganz warm davon. Daß doch die Epoche des höchsten Nationalelends auch zugleich die glänzendste Epoche menschlicher Kraft ist! Wie viele große Männer gingen aus dieser Nacht hervor! Ich wollte, daß ich zehen Jahre hintereinander nichts als Geschichte studiert hätte. Ich glaube, ich würde ein ganz anderer Kerl sein. Meinst Du, daß ich es noch werde nachholen können?« Diese Frage stellte Schiller Mitte April 1786 von Dresden* aus seinem in Leipzig* weilenden Freund Gottfried Körner. Eine Woche später, es war Ostern, ritt er den zurückkehrenden Körners bis Meißen entgegen. Zusammen mit ihnen besichtigte er die als »Wiege Sachsens« geltende geschichtsträchtige Stadt an der Elbe und ihre Umgebung.

Praktischer Geschichtsunterricht? Hier wurden die Wettiner Fürsten einst mit der Mark Meißen belehnt, was mit zu Sachsens komplizierter Geschichte gehört. Die hoch über der Stadt sich erhebende Albrechtsburg war der erste Schloßbau im deutschsprachigen Raum und wurde 1471 bis 1524 in spätgotischem Stil errichtet. Das ehemalige Residenzschloß ist heute Museum und wird ebensogern besucht wie der benachbarte Dom, dessen vorgelagerte Fürstenkapelle eine der berühmtesten Begräbnisstätten der Wettiner ist. Bekannt bis in die Gegenwart ist die 1710 von August dem Starken gegründete Porzellanmanufaktur, deren weltweit geschätztes Markenzeichen die gekreuzten blauen Schwerter sind. Die vielfältige Geschichte der über 1 000 Jahre alten Elbestadt spiegelt sich auch in der Altstadt wider, die ihre mittelalterliche Grundform erhalten hat, im Zweiten Weltkrieg fast unzerstört blieb, jedoch 2002 vom

Jahrhunderthochwasser heimgesucht wurde. Am Markt, auf dem Heinrichsplatz, in den verwinkelten Gassen und auf den Treppen zum Burgberg läßt sich der Charme der Stadt ebenso entdecken wie in den Weinkellern, Passagen und Höfen.

Welche Route Schiller als »Stadtführer« nahm, wissen wir nicht verbindlich. Wohl aber darf man davon ausgehen, daß der Stadtrundgang einschloß, was auch Goethe seinerzeit besichtigte, als er hier im April des Jahres 1813 nach dem Genuß eines Karpfens mit polnischer Soße zum Frühmahl einen angenehmen und unterrichtenden Tag verbrachte: »Vor allen Dingen bestiegen wir das Schloß [die Albrechtsburg] und besahen uns zuerst die Porcellanfabrik. Die Vorrathssäle nämlich. [...] Es ist die tollste Ausstellung von allem was nicht mehr gefällt und nicht mehr gefallen kann, und das nicht etwa eins, sondern in ganzen Massen zu hunderten, ja zu tausenden. [...] Der Dom, der auf demselben Platze steht, hat aus mehreren Ursachen äußerlich nichts Anziehendes, inwendig aber ist es das schlankste schönste aller Gebäude jener Zeit, die ich kenne, durch keine Monumente verdüstert, durch keine Emporkirchen verderbt, gelblich angestrichen, durch weiße Glasscheiben erhellt, nur das einzige Mittelfenster des Chors hat sich bunt erhalten.«

Friedrich Schiller war nicht nur einmal in Meißen. Die Mitteilung über einen weiteren Besuch verdanken wir den Erinnerungen Luise Schwans, der jüngsten Tochter des Mannheimer Buchhändlers. »Als wir in Meißen am Posthause anfuhren, wer stand unter dem Thorweg? Schiller in einem mausfarbenen Rock mit Stahlknöpfen. Er war, wie er es damals liebte, zu Roß von Dresden gekommen, und machte den artigsten Cicerone.«

Das Griesbachsche Sommerhaus
in der Nähe des Botanischen Gartens

»Unter den vielen Vorzügen, welche man mit Recht, wie wir hoffen, der Universität Jena nachrühmt, ist einer, den uns keine Verschiedenheit der Meinungen rauben kann, die Tatsache nämlich, daß Schiller unser Kollege und Goethe unser Minister gewesen ist.« Was der Sprachwissenschaftler Berthold Delbrück 1908 in seiner Rektoratsrede zum 350jährigen Jubiläum der Universität sagte, umreißt kurz und prägnant, was Goethe und Schiller vor allem an die Saale gezogen hat: Jena brillierte als »Stapelstadt des Wissens und der Wissenschaften«, wie Goethe es nannte. Auch zu Beginn des dritten Jahrtausends wird die von Kalkbergen umgebene, etwa 100 000 Einwohner zählende Stadt im Grünen diesem Ruf gerecht. Über 30 wissenschaftliche Institute, die Friedrich-Schiller-Universität mit ihren rund 18 000 Studenten und eine Fachhochschule stehen dafür.

Natürlich war der weimarische Staatsminister Goethe der Stadt Jena von Amts wegen verpflichtet, wozu auch die Leitung der sogenannten unmittelbaren Anstalten, der dem Hof unterstehenden Sammlungen, Kabinette und Bibliotheken, zählte. Stachelten diese Möglichkeiten den Naturforscher in ihm an – erinnert sei an die Entdeckung des menschlichen Zwischenkieferknochens –, war Jena zudem für den Dichter Goethe ein wunderbarer Rückzugsort und einer der wohlempfundenen Geselligkeit. Überdies ereignete sich hier jenes aus Goethes Sicht »glückliche Ereignis«, das er unter der gleichnamigen Überschrift im Jahre 1817 rückblickend auf mehreren Seiten beschrieb: der enge schöpferischen Freundschaftsbund, wie ihn das berühmte Denkmal auf dem Theaterplatz von Weimar* darzustellen sucht. Goethes Erinnerung beginnt mit einer bemerkenswerten Einleitung: »Alle meine Wünsche und Hoffnungen übertraf das auf einmal sich entwickelnde Verhältnis zu Schiller, das ich zu den höchsten zählen kann, die mir das Glück in späteren Jahren bereitete. Und zwar hatte ich dieses günstige Ereignis meinen Bemühungen um die Metamorphose der Pflanzen zu verdanken, wodurch ein Umstand herbeigeführt wurde, der die Mißverhältnisse beseitigte, die mich lange Zeit von ihm entfernt hielten.«

Was war das für ein Umstand? Die Antwort darauf erfahren wir von Schiller selbst, der am 1. September 1794 seinem Freund Körner in Dresden* mitteilte, er habe vor sechs Wochen – es war der 20. Juli – mit Goethe in Jena ein langes Gespräch über Kunst und Kunsttheorie geführt, und dabei seien Ideen zur Sprache gekommen, zu denen sie auf ganz verschiedenen Wegen gelangt seien. »Zwischen diesen Ideen fand sich eine unerwartete Übereinstimmung, die um so interessanter war, weil sie wirklich aus der größten Verschiedenheit der Gesichtspunkte hervorging. Ein jeder konnte dem andern etwas geben, was ihm fehlte, und etwas dafür empfangen. Seit dieser Zeit haben diese ausgestreuten Ideen bei Goethe Wurzel gefaßt, und er fühlt jetzt ein Bedürfnis, sich an mich anzuschließen und den Weg, den er bisher allein und ohne Aufmunterung betrat, in Gemeinschaft mit mir fortzusetzen.«

Lange genug hat sich Goethe dem Jüngeren gegenüber abwartend bis distanziert verhalten, ja, ihn hatte, zurückgekehrt aus Italien, Schillers Stück »Die Räuber« deshalb so angewidert, weil »ein kraftvolles, aber unreifes Talent gerade die ethischen und theatralischen Paradoxen, von denen ich mich zu reinigen gestrebt, recht im vollen hinreißenden Strome über das Vaterland ausgegossen« habe. 1788, sechs Jahre vor der entscheidenden Wende zum Besseren, war auch Schiller noch weit davon entfernt, einen Zustand, wie er im »glücklichen Ereignis« festgehalten ist, für möglich zu halten. Ein Brief an Körner, geschrieben nach einer ersten längeren Begegnung mit Goethe in Rudolstadt*, gibt nähere Auskunft: »Im ganzen genommen ist meine in der Tat große

Idee von ihm nach dieser persönlichen Bekanntschaft nicht vermindert worden; aber ich zweifle, ob wir einander je sehr naherücken werden. Vieles, was mir jetzt noch interessant ist, was ich noch zu wünschen und zu hoffen habe, hat seine Epoche bei ihm durchlebt; er ist mir (an Jahren weniger als an Lebenserfahrung und Selbstentwickelung) so weit voraus, daß wir unterwegs nie mehr zusammenkommen werden; und sein ganzes Wesen ist schon von Anfang her anders angelegt als das meinige, seine Welt ist nicht die meinige, unsere Vorstellungsarten scheinen wesentlich verschieden. Indessen schließt sich's aus einer solchen Zusammenkunft nicht sicher und gründlich. Die Zeit wird das Weitere lehren.«

Als Schiller das schrieb, lag sein erster Aufenthalt in Jena – eine Woche Mitte August 1787 – bereits ein reichliches Jahr zurück. Von Weimar* aus, wo er vor knapp vier Wochen von Dresden* her eingetroffen war, wollte er nicht nur der aufkommenden Langeweile und der höfischen Etikette entfliehen. Mit dem Ausflug in das nur drei Meilen entfernte Jena verband er die Hoffnung, interessante, ihm vielleicht auch nützliche Personen zu treffen. Die Rechnung ging auf. Angekommen in Jena, das ihm ansehnlicher erschien als Weimar, weil »längere Gassen und höhere Häuser« einen daran erinnern, »daß man doch wenigstens in einer Stadt ist«, stieg er im »geräumigen, artig möblierten« Hause des vorher in Weimar lebenden Philosophieprofessors Karl Leonhard Reinhold, des Schwiegersohns von Christoph Martin Wieland, ab. »Er empfing uns beim Aussteigen; alle Fassons blieben unter uns weg, wir waren Bekannte, ehe wir die Treppe ganz hinaufgestiegen waren.« Es dauerte nicht lange, und man war beim Thema der Vorlesungen des Gastgebers, die Kants Philosophie und schöne Wissenschaften zum Inhalt hatten. Schillers Fazit seiner Begegnungen und Diskussionen mit Reinhold: »Daß ich Kanten noch lesen und vielleicht studieren werde, scheint mir ziemlich ausgemacht. [...] Reinhold kann nie mein Freund werden, ich nie der seinige, ob er es gleich zu ahnden glaubt. [...] Das Reich der Phantasie ist ihm eine fremde Zone, worin er sich nicht wohl zu orientieren weiß. Seine Moral ist ängstlicher als die meinige, und seine Weichheit sieht nicht selten der Schlappheit, der Feigheit ähnlich.« Dessenungeachtet hatten die Treffen auch eine für Schiller unmittelbar nützliche Seite, insofern ihm Reinhold einen Ruf nach Jena in Aussicht stellte.

Neben Reinhold begegnete Schiller in diesen Tagen auch dem Philologen und Universitätsprofessor Christian Gottfried Schütz, der mit der »Allgemeinen Literaturzeitung« ein populäres Rezensionsblatt herausgab, an dem über 120 deutsche Schriftsteller mitarbeiten, auch Schiller wurde bald formell Redaktionsmitglied. »Den größten Teil der Literaturzeitung besorgt Doktor Hufeland mit ihm [Schütz], ein vortrefflicher Kopf, in welchem vielleicht ein großer Mann schlummert. Ein still denkender Geist voll Salz und tiefer Forschung – und er ist noch jünger als wir beide«, rühmte Schiller den Juristen und Universitätsprofessor Gottlieb Hufeland. Ein langes Gespräch mit dem Theologieprofessor Johann Jakob Griesbach »vorzüglich über die Universität und die Stadt« ließ ihn vielleicht schon von seiner anfänglichen Reserviertheit hinsichtlich einer Berufung nach Jena etwas abrücken. War der Verlust der Unabhängigkeit womöglich gar nicht zu befürchten? »Die unter 4 sächsische Herzöge verteilte Gewalt über die Akademie macht diese zu einer ziemlich freien und sicheren Republik, in welcher nicht leicht Unterdrückung stattfindet. Diesen Vorzug rühmten mir alle Professoren, die ich sprach, und besonders Griesbach mit viel Nachdruck. Die Professoren sind in Jena fast unabhängige Leute und dürfen sich um keine Fürstlichkeit bekümmern. Diesen Vorzug hat Jena unter den Akademien voraus.«

Als Schiller nach diesen begegnungsreichen Tagen den Aufenthalt in Jena resümierte, waren ihm zwei Erkenntnisse offenbar besonders wichtig: »Das Resultat aller meiner hiesigen Erfahrungen ist, daß ich meine Armut erkenne, aber meinen Geist höher anschlage, als bisher geschehen war. [...] Um nun zu werden, was ich soll und kann, werd ich besser von mir denken lernen und aufhören, mich in meiner eigenen Vorstellungsart zu erniedrigen.« Und was Jena selbst betraf, so gelobte er, »es nicht zum letzten Mal gesehen zu haben«. Knapp zwei Jahre später, im Frühjahr 1789, übersiedelte er nach Jena. Am 26. Mai hielt er im überfüllten Griesbachschen Hörsaal, dem größten Auditorium der Universität, seine berühmte Antrittsrede »Was heißt und zu welchem Ende studiert man Universalgeschichte?«.

Erfolg macht neidisch, das bekam auch Schiller zu spüren, und es verdüsterte sein Empfinden: »Welcher böse Genius gab mir ein, hier in Jena mich zu binden! Ich habe nichts, gar nichts dadurch gewonnen, aber unendlich viel verloren«, klagte er am 10. November 1789, seinem 30. Geburtstag, seiner künftigen Frau Charlotte von Lengefeld, mit der er am 22. Februar des kommenden Jahres in der Kirche von Wenigenjena getraut werden wird. Doch Schiller blieb, nicht ohne die Erwartung, »in eine bessere Sphäre versetzt zu werden«, wobei er seine Hoffnung auf Städte wie Mainz, Göttingen und Berlin* gründete. Gleichzeitig aber ließ er Mitte der neunziger Jahre den weimarischen Rat und Staatsminister Christian Gottlob Voigt wissen, daß alle Gedanken, Jena je wieder zu verlassen, auf immer verbannt seien, daß ihm kein Ort in Deutschland sei, »was Jena und seine Nachbarschaft mir ist«. Dahinter stand die Überzeugung, »daß man nirgends eine so wahre und vernünftige Freiheit genießt und in einem so kleinen Umfang so viele vorzügliche Menschen findet« wie hier, und – wohl wichtiger noch als die verbale Schmeichelei – die Zusage des Herzogs, Schiller im Falle einer Krankheit das Gehalt zu verdoppeln.

Einmal mehr aber bestätigte sich, was Schiller bereits am 29. August 1787 nach seinem »behaglichen« Sechs-Tage-Aufenthalt in Jena an Freund Körner geschrieben hatte: »Ganz glücklich kann ich nirgends und nie sein, das weißt

Du, weil ich nirgends die Zukunft über der Gegenwart vergessen kann.« Weimar lockte. Auf einmal war Jena für ihn bar jedes Kunstgenusses, und er fühlte sich wie in eine Wüste versetzt. »Ein Platz, wo nur die Gelehrsamkeit und vorzüglich die metaphysische im Schwange gehen, ist den Dichtern nicht günstig: diese haben von jeher nur unter dem Einfluß der Künste und eines geistreichen Umganges gedeihen können«, heißt es in einem Brief an Herzog Carl August von Sachsen-Weimar-Eisenach vom 1. September 1799. Darin bat Schiller um finanzielle Unterstützung für sein Vorhaben, »künftighin die Wintermonate in Weimar zuzubringen«. Als »deutscher Shakespeare« verließ er Jena am 3. Dezember 1800 Richtung Weimar, wo er bis zu seinem Tode lebte.

Unter den mehr als hundert touristischen Ferienstraßen in Deutschland ist die durch Thüringen verlaufende, rund 300 Kilometer lange »Klassikerstraße« eine der jüngsten. Einen fixierten Start oder ein zwingendes Ende hat sie nicht, was Gelegenheit zu Auf- und Abfahrt gibt, wo immer man möchte. Wenn es auf dieser Ferienstraße ein Stück gibt, welches für das Authentische des Angebotes steht, dann ist es jener etwa 20 Kilometer lange Abschnitt Weimar–Jena, den Goethe reimend einmal so beschrieb: »Wohin willst du dich wenden? / Nach Weimar-Jena, der großen Stadt, / Die an beiden Enden / Viel Gutes hat.« Ein anderes Mal, im Gedicht »Die Lustigen von Weimar«, lesen wir: »Spiel und Tanz, Gespräch, Theater, / Sie erfrischen unser Blut; / Laßt den Wienern ihren Prater; / Weimar, Jena, da ist's gut!«
Etwa auf der Hälfte des Weges, von Schiller als Chaussee charakterisiert, die eine »leere, traurige Landschaft« umgebe, liegt Kötschau. So unscheinbar das Dörfchen auch sein mag, hier wurde Geschichte geschrieben:. »Früh Kanonade bei Jena, darauf Schlacht bei Kötschau«, heißt es in Goethes Tagebuch unter dem 14. Oktober 1806. Leiser und subtiler hingegen ging es Jahre früher zu. Am 24. und 30. März 1799

hatten sich die weimarischen Staatsminister Goethe und Voigt in Kötschau verabredet, um über den »Fall Fichte« zu beraten. Johann Gottlieb Fichte (der im heute museal genutzten Romantikerhaus Jena wohnte) war 1794 als Nachfolger des Kantianers Reinhold an die Universität Jena berufen worden, wo ihn die Studenten feierten. Wegen seines angeblichen Atheismusbekenntnisses wurde er 1799 von Weimar aus massiv unter Druck gesetzt – der »Fall Fichte« war geboren. Der Professor gab auf, und der Philosoph Friedrich Wilhelm Joseph Schelling trat seine Nachfolge an. In ebendiesem Kötschau also, während der Osterwoche 1799, war die Entlassung des unbequemen Wissenschaftlers besiegelt worden. Goethes Tagebuch läßt in seiner Lakonik von der Tragweite dieses aufsehenerregenden Falls nichts ahnen. Unter dem Datum des Ostersonntags ist festgehalten: »Früh Achilleis. In Kötschau. Abends bey Schiller.« Und am Samstag darauf heißt es: »[…] kam früh der Bauinspektor mit einer Depesche von Voigt. Über diese Angelegenheit [Fichte], über die Achilleis, über Flaxmanns Zeichnungen den Morgen über nachgedacht. Nach Tische 1½ Uhr nach Kötschau. Zurück nach Jena.«

Auf der Scheitelhöhe der Hochfläche zwischen Weimar und Jena liegt ein wenig seitab der Straße, die Goethe und Schiller so oft befuhren, breit und behäbig ein allein stehender Gebäudekomplex. In dem einstigen Gasthof Kötschau, der zugleich Poststation war, machten die Reisenden oft halt. Hier trennten sich Christiane und Sohn August vom Ehemann und Vater Goethe, wenn sie ihn von Weimar aus ein Stück des Weges nach Jena begleiteten. »Stell Dir vor«, schrieb Christiane nach solch einem Abschied, »wie lieb Dich Deine beiden Hasen haben: wie Du in Kötschau von uns weg warst, gingen mir raus und sahen auf dem Berg Deine Kutsche fahren, da fingen mir alle beide eins an zu heulen und sagten beide, es wär uns so wunderlich«. Trotz unterschiedlichster Nutzung über Generationen zeigt sich in dem jetzt privat bewohnten Anwesen vieles noch so wie vor zweihundert Jahren. Die Kubatur der Gebäude ist unangetastet wie das Pflaster des Hofes. In das Haupthaus führen ausgetretene Steinstufen, und im Flur heißt ein in steinernes Mosaik gelegtes »Grüß Gott« den Gast willkommen. Darüber sind also auch Goethe und Schiller und die Fuhrleute und reitenden Postboten gelaufen, wenn sie den Pferden eine Pause gönnten.

Von hier aus gings, wenn es die Beschaffenheit der Chaussee zuließ, »im scharfen Trapp« weiter in Richtung Saalestadt, wo sich alsbald auch die Gegend belebt. Dem Stadtchronisten Adrian Baier verdanken wir eine Schilderung der Umgebung Jenas, wie sie auch der Spaziergänger (und ab Frühjahr 1792 der auf eigenem Pferd reitende) Schiller erlebt haben wird: »Lustig und lieblich ist die Gegend um Jena, wegen der Weinberge, wegen der Wiesen, wegen der Gärten, und sonderlich wegen der Spaziergänge oben an den Hügeln. […] Italia wird genennet das Paradies in Europa, Aquitania wird genennet das Paradies in Frankreich. Unser Jena kann genennet werden das Paradies in Thüringen, wie denn das nächste Weidicht und Spaziergang am Saalstrom vor dem Löbder- und Neutor genennet wird das Paradies [etwa die Gegend zwischen dem heutigen Bahnhof Paradies und dem Fußballstadion].«

*Am und rund um den Markt*
*Wo Schiller wohnte und »Butterbrotsgesellschaften« gab, ihm*
*im Gespräch mit Goethe ein unerwartetes Licht angesteckt*
*wurde und er seine berühmte Antrittsvorlesung hielt*

Am Ende des Zweiten Weltkriegs war Jena neben Nordhausen die am meisten zerstörte Stadt Thüringens. Das macht das Auffinden authentischer Spuren, die zu Schiller führen, ausnehmend schwer. So blieben von den fünf Wohnungen, die der Dichter im Laufe seiner zehn Jenaer Jahre bewohnte, nur das Haus in der Zwätzengasse 9 (heute Domizil der Philosophischen Fakultät der Universität) und das Gartenhaus im heutigen Schillergäßchen übrig. Das Gebäude, in dem er seine berühmte Antrittsvorlesung hielt, ist am Löbdergraben 15a zu besichtigen. Das Schloß jedoch und andere Gebäude, in denen er mehrfach weilte, existieren nicht mehr. Phantasie ist gefragt. Allerdings hat es die Vorstellungskraft nicht allzuschwer angesichts der Tatsache, daß Jena in seiner klassischen Zeit noch von Mauern umgeben war (woran Türme bzw. deren Reste im Zentrum erinnern) und es lediglich um die 4000 Einwohner waren, die hier auf äußerst gedrängtem Raum lebten. Man schrieb immerhin schon das Jahr 1819, als auf Veranlassung von Minister Goethe als erstes Stadttor das Löbdertor abgerissen wurde. Der Weg zur Ausdehnung der Stadt war damit frei. Nur wenige Jahrzehnte davor hatte der Jenaer Schriftsteller Friedrich Christian Laukhard einem Fremden die Stadt noch so beschrieben: »Sie ist im Grunde nichts mehr noch weniger, als ein unbedeutendes Landstädtchen, dessen Einwohner beinahe ganz und gar von der Academie leben. Fabriken und Manufakturen dürfen Sie hier nicht suchen. Die Stadt ist unregelmäßig und winklig gebaut, den Markt ausgenommen, der ziemlich gut ins Auge fällt, und immer sehr reinlich gehalten wird.«

Auf diesem Markt, den der 1969–1972 erbaute, zirka 120 Meter hohe Stahlbetonturm überragt, stehen mit dem wuchtigen ehemaligen Rathaus und dem als Museum genutzten stattlichen Bürgerhaus »Göhre« Bauten, die den Platz zu Schillers Zeiten dominierten. Irgendwo auf dem rechteckigen Markt, in dessen Mitte ein 1858 aufgestelltes Bronzedenkmal den Gründer der hiesigen Universität, den sächsischen Kurfürsten Johann Friedrich den Großmütigen ehrt, kam es im Sommer 1794, im Anschluß an eine wissenschaftliche Tagung, zur Begegnung zwischen Goethe und Schiller, die zum Ausgangspunkt des bereits beschriebenen »glücklichen Ereignisses« wurde. Auf das dabei geführte Gespräch kam Schiller in seinem Brief an Goethe vom

23. August zurück: »Die neulichen Unterhaltungen mit Ihnen haben meine ganze Ideenmasse in Bewegung gebracht, denn sie betrafen einen Gegenstand, der mich seit etlichen Jahren lebhaftig beschäftigt. Über so manches, worüber ich mit mir selbst nicht recht einig werden konnte, hat die Anschauung Ihres Geistes (denn so muß ich den Totaleindruck Ihrer Ideen auf mich nennen) ein unerwartetes Licht in mir angesteckt.« Zugleich gab er der Hoffnung Ausdruck, Goethe »vielleicht bald einmal bei uns zu sehen, welches ich an meinem Teil herzlich wünsche«.

Die Adressen von Schillers Wohnungen vor dem Einzug in das Gartenhaus im heutigen Schillergäßchen 2 lauteten: »An der Jenergasse 26« (die sogenannte Schrammei), »Zwätzengasse 9«, »Unterm Markt 1« sowie »Griesbach'sches Haus am Löbdergraben«. Von der »Schrammei« gibt es lebhafte Schilderungen sowohl von seiten der Gäste Schillers als auch von ihm selbst, so an Körner: »Ich behalte meine gegenwärtige Wohnung und miete [wenige Monate vor der Hochzeit] auch die übrigen Zimmer auf derselben Etage. Meine Hausjungfern [die zwei Schramm-Fräulein] wollen sich dazu verstehen, den Tisch zu besorgen, und ich komme wohlfeiler weg als bei eigener Menage. So brauche ich zu unserer Bedienung niemand als eine Jungfer für Lottchen; ich behelfe mich mit meinen bisherigen Leuten. Da ich alle Meubles im Hause haben kann, so brauche ich mich auch nicht einzurichten, welches überhaupt nicht ratsam wäre, eh ich weiß, wie lange ich bleibe. Das Schwerste also, der Anfang, wird mir ziemlich leicht.« Dem schwäbischen Philologen und Schriftsteller Karl Philipp Conz, der seinen Landsmann 1792 in Jena besuchte, verdanken wir eine noch konkretere Beschreibung. Begeistert von den zahlreichen »Abendzirkeln«, zu denen er geladen wurde, genoß er vor allem auch den geistreichen Umgang mit Schiller »in seinem Hause, an seinem Tische, auf Spaziergängen. [...] Schiller führte mit seiner Gattin um diese Zeit keine eigene Haushaltung. Beide nahmen die Kost bei einem ältern Frauenzimmer des Hauses, worin sie wohnten, die, wo ich nicht irre, Eigentümerin desselben war. [...] Die Tafel war einfach frugal, und durch Schillers sokratischen Ernst und Scherz – möchte ich sagen – gewann sie die schönste Würze.« Und bei Schiller selbst lesen wir über sein »offenes Haus« in einem im Herbst 1791 verfaßten Brief an Körner: »Zwei Tage in der Woche sind schon durch 2 Privatklubs unter guten Freunden besetzt, nun will ich noch 2 dazu bestimmen. Viel Ausgabe machen diese Butterbrotsgesellschaften nicht; wenn ich das halbe Jahr 4 Louisdor mehr daran wende, so kann ich alle Woche 2mal 3, auch 4 Menschen bitten, und zu meinem Wohlsein ist dies nötig. Nun fehlt mir bloß Equipage, um jeden Tag spazierenzufahren, dadurch würde mir sehr viel geholfen sein; aber diesem Wunsche muß ich freilich entsagen.«

Ebenfalls unweit vom Marktplatz, am Löbdergraben, stand das Haus des Prorektors der Universität, des Theologieprofessors Johann Jakob Griesbach. Einem zeitgenössischen Kupferstich zufolge war das nahe der Stadtkirche gelegene Anwesen ein stattliches dreistöckiges Gebäude mit ausgebautem Dachgeschoß. Bevor Schiller hier für einige Zeit wohnte, hatte er das benachbarte, heute noch existierende Gebäude Löbdergraben 15a bereits dienstlich genutzt, da sich hier der damals größte Hörsaal der Universität befand. In ihm hielt der frischgebackene Professor für Philosophie am 26. Mai 1789 seine Antrittsrede, die ebenso berühmt wurde wie der Anlaß ihrer Verlegung vom Reinholdschen in das Griesbachsche Auditorium. Bei Karl August Böttiger, dem berühmt-berüchtigten Beobachter des literarischen Lebens von Weimar und Jena, lesen wir, daß mehrere hundert Studenten die Treppen und den Vorhof des ursprünglich für die Vorlesung vorgesehenen Auditoriums dermaßen belagert hatten, daß Schiller »auf der Stelle seinen Entschluß, da zu lesen, ändern, u. den Geh. Kirchenrath Griesbach um sein Auditorium, das geräumigste in Jena, bitten mußte. Auf einmal heißt es unter den Studenten: Schiller liest in Griesbachs

Hörsaal. Nun stürzt alles fort, und sucht durch die kleinen Gäßchen einander zuvor zu laufen. Dieß ungewöhnliche Rennen so vieler Menschen an einen Ort macht so viel Geräusch und Aufsehn, daß nun alles auf die Straße läuft, u. plötzlich das Geschrei entsteht: bei Griesbach ist Feuer, worüber sich ein entsetzliches Getümmel in der ganzen Stadt erhebt.« Zur Fortsetzung der Vorlesung am folgenden Tag war der Andrang noch größer, und einige sollen, um ihre Plätze nicht zu verlieren, stundenlang ausgeharrt und sich das Essen in das Auditorium haben bringen lassen. Jena hatte sein Event: Am Katheder stand kein Geringerer als der gefeierte Dichter der »Räuber« und mutige Flüchtling Friedrich Schiller.

*Am ehemaligen Schloß*
*Bei Knebel und in »Großer Gesellschaft«*

Zum Schloß? Wir haben doch gar keins. Natürlich hatte die angesprochene Jenenserin recht – insoweit jedenfalls, als sie offenbar überhört hatte, daß wir zum ehemaligen Schloß wollten. Der nächste Passant, ein Student der hiesigen Universität, war kundiger und wies uns zum Fürstengraben Nr. 1, dem zur 350-Jahr-Feier der Universität im Jahre 1908 eingeweihten stattlichen Hauptgebäude der Alma mater. Vorbei an der Stadtkirche St. Michael und einige enge Gassen hinter uns lassend, standen wir unversehens vor einem hier nicht vermuteten mächtigen, städtebaulich sich jedoch harmonisch einfügenden Bauwerk. Daß es nach seiner Fertigstellung zum Teil heftig umstritten gewesen sein soll, ist ebenso glaubhaft wie die bald folgende Anerkennung als Wegweiser für einen sachlich-funktionalen Baustil. Daß besagter Weg zu dem aus mehreren Flügeln bestehenden viergeschossigen Komplex durch die Schloßgasse führt, nimmt den wichtigsten Zusammenhang zwischen Universität und Schloß vorweg: Auf dem Areal des Hauptgebäudes der Universität stand früher das Schloß. Der Jenaer Kunsthistoriker,

Museumsgründer und Denkmalpfleger Paul Weber hat es noch gesehen. Drei Jahre vor dem im Februar 1905 begonnenen Abriß der gesamten Anlage machte die einstige Bühne landesherrlicher Machtentfaltung auf ihn einen trostlosen Eindruck: »Die Nordostecke des ehemaligen Mauerbereiches der Altstadt Jena wird ausgefüllt von einem weiten öden Hofe, auf dessen holprigem Pflaster das Gras fröhlich gedeiht. Gebäude der mannigfaltigsten Form und Zweckbestimmung, teils in verwitterter gelber, teils in trübselig grauer Farbe gestrichen, fassen diesen Hof auf allen Seiten ein. Keines von ihnen hinterläßt beim Beschauer einen tieferen Eindruck, nirgends bietet sich ein wirklich malerischer oder architektonisch interessanter Anblick. Man muß es dem Fremden erst sagen, daß er sich im Schloßhofe befindet, von selber würde er nicht auf einen solchen Gedanken kommen.«

Freilich muß korrekterweise daran erinnert werden, daß es zu diesem Zeitpunkt mit der Residenzherrlichkeit schon seit zwei Jahrhunderten vorbei war, da mit dem Tod von Johann Wilhelm am 4. November 1690 die Selbständigkeit des kleinen Herzogtums Sachsen-Jena erloschen war. Zum Apanagensitz zurückgestuft, diente das Anwesen nur mehr als zeitweiliges Absteigequartier für den in Weimar residierenden Landesherrn, für die in Jena studierenden Fürstensöhne und – für Goethe. Ihm war hier ebenso eine Dienstwohnung reserviert wie dem weimarischen Prinzenerzieher, Schriftsteller und »Urfreund« Goethes, Karl Ludwig von Knebel, der 1805 ganz nach Jena übersiedelte. Am 26. Juni 1789 weilten Schiller, die mit ihm befreundete Frau von Kalb und Frau Griesbach »bei Knebel im Schloß«. Am 4. Dezember desselben Jahres lud ihn Herzog Carl August zusammen mit allen Professoren, Goethe und Knebel ins Schloß zu »Großer Gesellschaft«, bei welcher Gelegenheit er zum erstenmal seinem späteren Mäzen, dem Mainzer Statthalter in Erfurt[*], Karl Theodor Freiherr von Dalberg, begegnete.

An Knebel jedenfalls kam auch Schiller nicht vorbei, hatte er doch bemerkt, daß sich »alle Herrn und Damen um ihn reißen«. Allerdings schien ihm, als ob man in Weimar wie Jena zuviel »aus diesem Knebel« machte. Unstreitig sei er ein Mann von Sinn und Charakter, habe viele Kenntnisse und einen hellen Verstand. Aber, so vertraute er Körner in Dresden an, »es ist so viel Gelebtes, so viel Sattes und grämlich Hypochondrisches in dieser Vernünftigkeit, daß es einen beinahe mehr reizen könnte, nach der entgegengesetzten Weise ein Tor zu sein. Es wurde mir als eine notwendige Rücksicht anempfohlen, die Bekanntschaft dieses Menschen zu machen, teils weil er hier für einen der gescheitesten Köpfe gilt, und zwar mit Recht, teils weil er nach Goethe den meisten Einfluß auf den Herzog hat.« Schiller kam dieser Empfehlung nicht nur nach, er genoß sie zuweilen auch nach allen Regeln der Kunst. Etwa wenn er Ende August 1787 mit Knebel und anderen im Weimarer Garten den Geburtstag des in Italien weilenden Dichters Goethe feierte: »Wir fraßen herzhaft, und Goethes Gesundheit wurde von mir in Rheinwein getrunken.« Mindestens einmal hatte Schiller auch Grund, auf Knebel, den Karl August Böttiger einmal »Göthens Affe und Pajazzo« nannte, eifersüchtig zu sein, war ihm doch, als er mit Charlotte vor dem Traualtar in Wenigenjena stand, nur noch davor bange, daß sich jemand melden könnte, »den ich zu heuraten versprochen habe«, oder daß Knebel auftreten könnte »und mir Lottchens Hand streitig macht«.

Daß das von der klammen Schatulle des Herzogtums zeugende, äußerlich sehr bescheidene Schloßensemble im Inneren durchaus einer Residenz würdig gewesen sein muß, lassen Gemälde und kurz vor dem Abriß gefertigte Fotos erkennen. Neben dem beweglichen Kunstgut – Inventarlisten sprechen u. a. von Empire-Geschirr, Vasen, herrlichen Figuren, Sesseln, Stühlen, Sofas, Kronleuchtern, Spiegeln – war auch die sogenannte baufeste Ausstattung von einigem Wert. Möglicherweise animiert von dem damals unter Kunstgeschichtlern gerade aufkommenden Gedanken einer Denkmalpflege, übernahm man, »wo sich die Gelegenheit einer schmückenden Note ergab«, Bauteile des Schlosses in den Neubau der nach Friedrich Schiller benannten Universität. So sind innerhalb des Gebäudes ein hölzernes Portal, Stuckdecken, ein Stuckfries, eine Inschrift aus dem 16. Jahrhundert und weitere Stücke zu sehen. Teile der hölzernen Wandverkleidung gelangten vom Jenaer Stadtschloß in das Kaminzimmer des Renaissanceschlosses Dornburg, die gotische Tordurchfahrt erwarb ein Kaufmann für sein Gartengrundstück in der Erfurter Straße.

*Prinzessinnenschlößchen und Frommannsches Anwesen*
*Orte der Bildung und Erziehung, des Geschäfts*
*und der Geselligkeit*

»Am Planetarium 7« lautet die Anschrift des noch heute herrlich ruhig gelegenen Gartenhauses, das der Theologe und Universitätsprofessor Johann Jakob Griesbach 1784/85 errichten ließ. Hier wurden ab 1818 die Weimarer Großherzogin Maria Pawlowna und ihre Töchter in den schönen Künsten unterrichtet, weshalb das heute von der Universität genutzte Gebäude auch den Beinamen »Prinzessinnenschlößchen« erhielt. Zu Schillers Zeit gehörte das Gartenhaus zu den geistigen Zentren Jenas. »Große Gesellschaft mit 24 Personen bei Griesbachs«, »abends bei Griesbachs«, »abends freundlich von Griesbachs empfangen«, heißt es in regelmäßigen Abständen in Schillers Notizen über das gastliche Haus, in dem Charlotte von Lengefeld, Schillers spätere Frau, während ihrer Besuche in der Stadt übernachtete. Schiller selbst sah das Anwesen und seine Besitzer so: »Er [Griesbach] wohnt des Sommers in einem großen, neu erbauten Gartenhause an der Stadt, das eine ganz herrliche Landschaft beherrscht. Hier waren wir mit Reinholds zu zehn Personen beisammen, und der Ton, den ich da fand, gefiel mir ungemein. Seine Frau ist eine sehr gescheite, wahre und natürliche Person, die viel Lebhaftigkeit hat. Er selbst scheint beim ersten Anblick verschlossen und kostbar, bald aber erwarmt er, und man findet einen sehr geselligen, verständigen Mann.« Im Garten des Hauses, das auch Caroline von Wolzogen, Schillers Schwägerin, nach dem Tod ihres Mannes einige Zeit als Domizil nutzte, steht ein Denkmal für Goethe. Maria Pawlowna hatte es bereits zu Lebzeiten des Dichters auch als Dank für seinen Anteil an der Erziehung ihrer Töchter aufstellen lassen.

Auf dem Grundstück »Fürstengraben 18« steht das heute von der Universität genutzte Wohn- und Verlagshaus Carl Friedrich Ernst Frommanns. Der Buchhändler und Verleger übernahm im Auftrag des Verlegers Johann Friedrich Cotta den Druck der Werke Goethes und Schillers. Sein Haus war zu Jenas klassischer Zeit Geschäftsadresse und kultureller Mittelpunkt zugleich. Goethe und viele andere haben die Stadt nie besucht, ohne den Frommanns ihre Aufwartung zu machen. Johann Peter Eckermann, Goethes Sekretär, hielt sich dort gelegentlich auch allein auf, der Empfehlung des Meisters vertrauend: »Es wird Ihnen in diesem Kreise gefallen, ich habe dort schöne Abende verlebt. Auch Jean Paul, Tieck, die Schlegel und was in Deutschland sonst Namen hat ist dort gewesen und hat dort gerne verkehrt und noch jetzt ist es der Vereinigungspunkt vieler Gelehrten und Künstler und sonst angesehener Personen«, notierte Eckermann unter dem 19. Juni 1823 – einem Datum, das auch das Fehlen von Schillers Namen erklären mag.

*Garten mit Gartenhaus (Schillergäßchen 2)*
*Wo Schillers im Sommer wohnten*

»Wir gingen sodann in den Garten hinab, wo Goethe auf einem Steintisch in einer Laube ein kleines Frühstück hatte arrangieren lassen. ›Sie wissen wohl kaum‹, sagte er, ›an welcher merkwürdigen Stelle wir uns eigentlich befinden. Hier hat Schiller gewohnt. In dieser Laube, auf diesen jetzt fast

An diesem Steintisch in Schillers Garten wurde
deutsche Literaturgeschichte geschrieben

zusammengebrochenen Bänken haben wir oft an diesem alten Steintisch gesessen und manches gute und große Wort miteinander gewechselt. Er war damals noch in den Dreißigen, ich selber noch in den Vierzigen, beide noch im vollesten Aufstreben, und es war etwas.‹« Als Goethe und Eckermann diesen Ausflug in Schillers Gartenhaus unternahmen, war es Anfang Oktober 1827 und an die drei Jahrzehnte her, daß Goethe von Schiller einen Brief erhalten hatte, der so begann: »Ich begrüße Sie aus meinem Garten, in den ich heute [2. Mai 1797] eingezogen bin. Eine schöne Landschaft umgibt mich, die Sonne geht freundlich unter, und die Nachtigallen schlagen. Alles um mich herum erheitert mich, und mein erster Abend auf dem eigenen Grund und Boden ist von der fröhlichsten Vorbedeutung.« Weil dem jetzigen Besucher des Sommerhauses der Blick in die freie Landschaft nicht mehr vergönnt ist, zitieren wir noch einmal Eckermann, der an besagtem Besuchstag zu den Zimmern in der Mansarde hinaufstieg, die Schiller bis zu seinem Umzug nach Weimar Ende 1799 bewohnt hatte. Von hier aus genoß er »die herrlichste Aussicht. Die Richtung war ganz nach Süden, so daß man stundenweit den schönen Strom, durch Gebüsch und Krümmungen unterbrochen, heranfließen sah. Auch hatte man einen weiten Horizont. Der Aufgang und Untergang der Planeten war von hier aus herrlich zu beobachten, und man mußte sich sagen, daß dies Lokal durchaus günstig sei, um das Astronomische und Astrologische im ›Wallenstein‹ zu dichten.«

Obwohl Schiller von den Einzugsmühen »der Kopf ganz wüste geworden« war, hofft er, schon anderntags »endlich mit rechter Lust wieder an die Arbeit zu gehen und dabey zu beharren«. Es war der »Wallenstein«, den abzuschließen sein derzeitiges Hauptgeschäft war und der zwei Jahre später in Weimar uraufgeführt wurde. 1797 war auch das sogenannte »Balladenjahr«. »Der Taucher« und »Der Handschuh« entstanden, und »Das Lied von der Glocke« war wohl auch schon in Arbeit. In Anspruch nahm ihn zudem

Schillers Gartenhaus ist heute Gedenkstätte und Ort
literarischer Veranstaltungen

die von Cotta finanzierte Herausgabe der literarischen Zeitschrift »Die Horen«. Schon vor Jahren hatte er für dieses epochemachende Journal bei Körner geworben und gehofft, daß alle, die Geschmack haben, es kaufen und lesen würden. Mit Wilhelm von Humboldt stand ihm dabei ein exzellenter Verbündeter zur Seite. Allerdings gab es just im Jahr des Einzugs in das Gartenhaus wegen der »Horen« ein Zerwürfnis mit dem Schriftsteller und Mitbegründer der romantischen Schule Friedrich Schlegel, das zur Folge hatte, daß dessen Bruder August Wilhelm als Mitarbeiter der Zeitschrift gekündigt wurde. Als die erste Saison in dem neuen Domizil zu Ende gegangen und Schiller in die Stadtwohnung im Griesbachschen Hause zurückgekehrt war, erreichte ihn aus der Schweiz Goethes Plan zu einem »Wilhelm-Tell-Epos«. Nach seinem Umzug nach Weimar behielt er das Gartenhaus noch fast drei Jahre, (bis 1802), um sich gelegentlich hierher zurückzuziehen. Von einem solchen Aufenthalt teilte er Goethe Anfang 1801 mit, er wolle bis Ostern mit der »Jungfrau von Orleans« so weit vorangekommen sein, daß ihm, zurück in Weimar, »nur noch die Rundung und Polierung« übrigbleibe.

Das Leben in dem neuen und letzten Jenaer Domizil muß dem Dichter gut bekommen sein. »Schiller ist viel besser als das vorige Jahr, als Sie ihn sahen«, versicherte Charlotte von Schiller ihrer Freundin Frau von Stein, auch der Garten habe sein Gesicht verändert und sei jetzt »schon besser kultiviert«. »Ein Gartenhaus ist entstanden, der Küche gegenüber, was eine wunderschöne Aussicht hat nach der Saale hin, und ins Leutratal, wo ich mich beim Mondscheine sehr ergötze, die großen Massen von Licht und Schatten zu sehen, die an dem Abhang und weißen Sandfels entstehen.«

Auch die Gartenzinne, ein kleines bewohnbares Türmchen, ist heute noch zu besichtigen. Gemäß seiner Äußerung: »Ich liebe sehr, daß die Hauswirtschaft ordentlich geht; aber ich mag das Knarren der Räder nicht hören«, konnte Schiller hier ganz ungestört arbeiten. In dem wenige Wochen nach seinem Tod im Jahre 1805 entstandenen »Epilog zu Schillers Glocke« nimmt Goethe auch darauf Bezug, daß Schiller in dem Türmchen oft bis in die Nacht am Schreibtisch saß: »Nun schmückt' er sich die schöne Gartenzinne, / Von wannen er der Sterne Wort vernahm, / Das dem gleich ew'gen, gleich lebend'gen Sinne / Geheimnisvoll und klar entgegenkam. / Dort, sich und uns zu köstlichem Gewinne, / Verwechselt' er die Zeiten wundersam, / Begegnet' so, im Würdigsten beschäftigt, / Der Dämmerung, der Nacht, die uns entkräftigt.«

*Vormalige Kirche St. Maria (jetzt Schillerkirche)*
*in Wenigenjena*
*Wo Friedrich Schiller Charlotte von Lengefeld heiratete*

Die Kirche im Ortsteil Jena-Ost, dem früher selbständigen Dorf Wenigenjena, war auf Grund ihrer günstigen Lage an einer vielbefahrenen Straße lange von den Fuhrleuten als Andachtskirche genutzt worden. Jetzt ist das Gotteshaus mit seinem unvollendeten Nordturm und manchem Provisorium im Innern von Häusern entlang der Schlippenstraße dicht umstanden und nicht ganz leicht zu finden. Unter dem Jahr 1790 ist im Kirchenbuch zu lesen: »Den 22sten Februar, des nachmittags halb 6. Uhren ist Herr Friedrich Schiller, Fürstlich Sächsisch Meiningischer Hofrath, wie auch Fürstlich Sächsisch Weimarischer Rath, und öffentlicher Lehrer der WeltWeisheit in Jena, Herrn Johann Friedrich Schillers, Hauptmanns in Herzoglich-Würtenberischen Diensten eheleiblicher einziger Herr Sohn, mit Fräulein Louisa Charlotta Antonette von Lengefeld, weyland Herrn Carl Christoph von Lengefelds Fürstlich Schwarzburgisch Rudolstädtischer Jägermeisters und Cammerraths zu Rudolstadt hinterlassenen eheleiblichen zwoten Fräulein Tochter, nachdem sie des Tages vorher als am Sonntage Invocavit zu Jena einmahl vor allemahl proclamirt auf Concession

In dieser Kirche ließ sich Schiller, von der
Öffentlichkeit abgeschirmt, trauen

des Herrn Superintendenten Oemlers allhier in aller Stille getrauet worden.«

Das mit der »Stille« war ein Coup des Bräutigams: »Das Geheimnis ist ganz über meine Erwartung geglückt, und alle Anschläge von Studenten und Professoren, mich zu überraschen, wurden dadurch hintertrieben.« Schiller hatte sich zunächst einige Tage in Erfurt aufgehalten, wo er seine Braut abholte, und reiste dann mit ihr über Jena seiner Schwiegermutter Richtung Rudolstadt entgegen. »Noch unterwegs war die Trauung in einer Dorfkirche bei Jena, bei verschlossenen Türen, von einem kantischen Theologen (dem Adjunkt Schmid) verrichtet; ein sehr kurzweiliger Auftritt für mich«, teilte er Körner zufrieden mit. Vom Zentrum Jenas zur Schillerkirche ist es etwa eine halbe Stunde Fußweg.

(Mit dem Besuch der Ortsteile Burgau und Lobeda ist der Leser dieses Buches – auch ohne direkte Anhaltspunkte – ebenfalls unterwegs zu Schiller.)


*Dornburger Schlösser*
*Heiteres Verweilen*


»Freudig trete herein und froh entferne dich wieder! / Ziehst du als Wandrer vorbei, segne die Pfade dir Gott!« An einem der Schlösser von Dornburg steht diese Inschrift aus Goethes Feder. Die hoch über dem Saaletal nebeneinander sich erhebenden, aber unabhängig voneinander erbauten drei Schlösser sind in der etwa zehn Kilometer von Jena entfernten Kleinstadt Dornburg der Anziehungspunkt.

Schon zur Zeit, als Goethe mit Schiller, Zelter, Knebel, Kanzler von Müller und anderen hierherkamen, war das Alte Schloß auf dem Wege, unter den drei Sehenswürdigkeiten überm Saaletal die graue Maus zu werden. Erst vor wenigen Jahren begann für das in seiner heutigen Ausprägung aus der Mitte des 16. Jahrhunderts stammende Bauwerk mit der kompletten Sanierung eine neue Zeitrechnung. Inzwischen

Die Dornburger Schlösser – hier das Rokokoschloß –
waren Rückzugsorte für Goethe und Schiller

nutzt die Friedrich-Schiller-Universität Jena das Schloß. Von diesem auf der einen und dem Renaissanceschloß auf der anderen Seite umgeben und von verbindenden Gärten gesäumt, bildet das Rokokoschloß die glanzvolle Mitte der Gesamtanlage. Dieses Lustschloß, in dem Goethe und auch die anderen Besucher meistens wohnten, war unter der Leitung von Thüringens bekanntestem Baumeister des späten Barock, Heinrich Krohne, in den Jahren 1736 bis 1741 entstanden. Kommt man von Dornburg her auf das Gebäude zu, präsentiert es sich als eher verspielter, eingeschossiger Pavillon. Ganz anders die optische Wirkung aus der Tiefe des Tals. Mit drei Geschossen und einer Zierbastion suggeriert der im Kern rechteckige Baukörper ein gewaltiges Bauwerk.

Goethe ruft in seinem Gedicht »Dornburg« die Stimmung herauf, die auch Schiller einst in heitere Gemütsverfassung versetzte:

> Früh, wenn Tal, Gebirg und Garten
> Nebelschleiern sich enthüllen,
> Und dem sehnlichsten Erwarten
> Blumenkelche bunt sich füllen;
>
> Wenn der Äther, Wolken tragend,
> Mit dem klaren Tage streitet,
> Und ein Ostwind, sie verjagend,
> Blaue Sonnenbahn bereitet;
>
> Dankst du dann, am Blick dich weidend,
> Reiner Brust der Großen, Holden,
> Wird die Sonne, rötlich scheidend,
> Rings den Horizont vergolden.

Über die Ilm-Brücke am »Stern«
gelangt man zum Schloß der Klassikerstadt

»Ich war also wieder in der Gegend, wo ich von 82 bis 83 als ein Einsiedler lebte [Bauerbach*]. Damals war ich noch nicht in der Welt gewesen, ich stand sozusagen schwindelnd an ihrer Schwelle, und meine Phantasie hatte ganz erstaunlich viel zu tun. Jetzt, nach fünf Jahren, kam ich wieder, nicht ohne manche Erfahrungen über Menschen, Verhältnisse und mich. Jene Magie war wie weggeblasen. Ich fühlte nichts. Keiner von allen Plätzen, die ehemals meine Einsamkeit interessant machten, sagte mir jetzt etwas mehr. Alles hat seine Sprache an mich verloren. / An dieser Verwandlung sah ich, daß eine große Veränderung mit mir selbst vorgegangen war. Und mußte sie nicht? Wie viele neue Gefühle, Schicksale und Situationen lagen nicht in diesem Zwischenraume. Eure Erscheinung, unsere ganze Freundschaft, ganz Mannheim* mit seinen Freuden und Leiden, Charlotte, Weimar, eine ganz neue Epoche meines Denkens!«

Als Friedrich Schiller das Anfang Dezember 1787 an den Freund Gottfried Körner und seine Familie nach Dresden* schrieb, waren es kaum mehr als vier Monate her, daß er die Körners verlassen hatte. Eines seiner Ziele auf dem Weg, der ihn ursprünglich zum Theater nach Hamburg führen sollte, war Weimar, wo bereits berühmte Männer wie Wieland, Herder und Goethe lebten und ein der Schriftstellerei offenbar wohlgesonnener Hof residierte. »Hätte ich nicht die Degration meines Geistes so tief gefühlt, ehe ich von Euch ging, ich hätte Euch nie verlassen oder hätte mich bald wieder zu Euch gefunden. Aber es ist traurig, daß die Glückseligkeit, die unser ruhiges Zusammenleben mir verschaffte, mit der einzigen Angelegenheit, die ich der Freundschaft selbst nicht zum Opfer bringen kann, mit dem inneren Leben meines Geists, unverträglich war. Dieser Schritt wird

173

mich nie gereuen, weil er gut und notwendig war; aber es ist doch eine harte Beraubung, ein hartes Opfer für ein ungewisses Gut«, urteilte er später über die räumliche Trennung von den Dresdner Freunden, die er, erst wenige Wochen in Weimar, nachzuholen versuchte. Überzeugt davon, daß er im Bunde mit ihnen »den Ton der Geselligkeit in Weimar« werde verändern können, machte er ihnen den Wechsel von der Elbe an die Ilm schmackhaft: »Wieland und seine äußerst gute Frau, häßlich wie die Nacht, aber brav wie Gold, und bis zur kindlichen Einfalt natürlich und munter; Herder und seine Frau, beide voll Geist und Genie; Bertuch und seine Frau (welche im Umgang recht sehr genießbar sind); Bode, Voigt, Hufeland, Ridel, Schmidt und seine Tochter (welche immer soviel wert sind als die guten Dresdner Menschen), die Schröter, die Frau von Stein und ihre Schwester, die Imhoff, Knebel und noch andere – lauter Menschen, die man in einem Ort nie beisammen findet – müßten einen recht schönen Hintergrund zu unserer Freundschaft abgeben. Das wären, mit uns, schon zweiundzwanzig Menschen, um die man leben könnte!!« Doch alle Überredungskünste nutzten nichts, die Körners blieben in Dresden.

Hatte Schiller nach und nach die Bekanntschaft der »übrigen weimarischen Götter und Götzendiener« gemacht, so mußte er auf die Begegnung mit Goethe, der noch in Italien weilte, warten. Immerhin aber feierte er schon mal dessen Geburtstag am 28. August 1787 an authentischem Ort, im Gartenhaus Goethes nämlich, das Knebel während der Abwesenheit seines Besitzers bewohnte. »Die Gesellschaft bestand aus einigen hiesigen Damen, Voigts, Charlotten und mir. Herders beide Jungen waren auch dabei. Wir fraßen herzhaft, und Goethes Gesundheit wurde von mir in Rheinwein getrunken. Schwerlich vermutete er in Italien, daß er mich unter seinen Hausgästen habe, aber das Schicksal fügt die Dinge gar wunderbar.« Schwingt da nicht bereits etwas von der Distanz mit, die zwischen ihm und Goethe bis zu jenem »glücklichen Ereignis« in Jena* bestand, das alles veränderte? Die Urteile des knapp Dreißigjährigen über Goethe waren hart und widersprüchlich, aber auch von ehrlicher Offenheit. Immer wieder war es Körner, dem gegenüber er kein Blatt vor den Mund nahm: »Öfters um Goethe zu sein würde mich unglücklich machen: er hat auch gegen seine nächsten Freunde kein Moment der Ergießung, er ist an nichts zu fassen; ich glaube in der Tat, er ist ein Egoist in ungewöhnlichem Grade. [...] Er macht seine Existenz wohltätig kund, aber nur wie ein Gott, ohne sich selbst zu geben – dies scheint mir eine konsequente und planmäßige Handlungsart, die ganz auf den höchsten Genuß der Eigenliebe kalkuliert ist. [...] Ich betrachte ihn wie eine stolze Prüde, der man ein Kind machen muß, um sie vor der Welt zu demütigen.« In einem weiteren Brief vom 9. März 1789 wurde Schiller noch deutlicher: »Dieser Mensch, dieser Goethe, ist mir einmal im Wege, und er erinnert mich so oft, daß das Schicksal mich hart behandelt hat. Wie leicht ward sein Genie von seinem Schicksal getragen, und wie muß ich bis auf diese Minute noch kämpfen! Einholen läßt sich alles Verlorene für mich nun nicht mehr – nach dem 30. bildet man sich nicht mehr um –, und ich könnte ja selbst diese Umbildung vor den nächsten 3 oder 4 Jahren nicht mit mir anfangen, weil ich vier Jahre wenigstens meinem Schicksale noch opfern muß«, erfuhr Körner von Schiller wenige Wochen vor dessen berühmter Antrittsrede an der Universität im benachbarten Jena. Dem Verhältnis nicht unähnlich, wie es »Brutus und Cassius gegen Cäsar gehabt haben müssen«, erschien ihm seine Stellung zu Goethe: »ich könnte seinen Geist umbringen und ihn wieder von Herzen lieben«. Da ihm gleichzeitig an dem Urteil des Dichters Goethe »überaus viel« lag, vertraute Schiller dem eigenen Mut und hoffte ansonsten auf »eine glückliche Revolution für die Zukunft«.

Das Leben gab ihm recht. Seit jener nächtlichen Unterredung in Jena wechselten Billetts und Briefe zwischen beiden immer häufiger. Besorgt, ob er sich wohl befinde, erkundigte sich Schiller, wenn er von Goethe einen Tag mal nichts gehört hatte. »Ich bringe die meiste Zeit des Tages mit Goethen zu«, ließ er seine Frau wissen. Bei dem in Jena weilenden Goethe kündigte er sich einmal fast entschuldigend an: »... doch darf ich mir nicht erlauben, über die Nacht auszubleiben, weil eine Unterbrechung meiner Arbeit von zwei Tagen mich gleich wieder zu sehr zerstreut. Doch hoffe ich nach 9 Uhr drüben zu sein und kann auch bis abends gegen 9 Uhr bleiben. [...] Mit Vergnügen lese ich, daß Sie unterdessen bei dem ›Faust‹ geblieben sind und noch ferner dabei bleiben wollen. Endlich muß sich doch etwas davon präzipitieren, da Sie noch mehrere Wochen Ruhe vor sich sehen.« Der Bann zwischen beiden war längst gebrochen, als Schiller auf die Frage der Gemahlin des dänischen Finanz- und Handelsministers Schimmelmann, ob Schiller im Umgang mit dem Titanen Goethe noch finde, was er suchte, ausführlich und voller Hochachtung antwortete, daß er diese Bekanntschaft auch jetzt – November 1800 –, nach sechs Jahren, für das »wohltätigste Ereignis meines ganzen Lebens« halte. »Nach meiner innigsten Überzeugung kommt kein anderer Dichter ihm an Tiefe der Empfindung und an Zartheit derselben, an Natur und Wahrheit und zugleich an hohem Kunstverdienste auch nur von weitem bei. Die Natur hat ihn reicher ausgestattet als irgendeinen, der nach Shakespeare aufgestanden ist. Und außer diesem, was er von der Natur erhalten, hat er sich durch rastloses Nachforschen und Studium mehr gegeben als irgendein anderer. [...] Ich darf wohl sagen, daß ich in den 6 Jahren, die ich mit ihm zusammen lebte, auch nicht einen Augenblick an seinem Charakter irre geworden bin.«

Und wie dachte Goethe über den Mann, mit dem er den Platz auf dem weltberühmten Denkmal vor dem Deutschen Nationaltheater Weimar teilt, das der Bildhauer Ernst Rietschel Mitte des 19. Jahrhunderts geschaffen hat? Eckermann hat es uns überliefert: »Alle acht Tage war er ein anderer und ein Vollendeterer; jedesmal wenn ich ihn wiedersah, erschien er mir vorgeschritten in Belesenheit, Gelehrsamkeit und

Das Goethe- und Schiller-Denkmal vor dem
Deutschen Nationaltheater Weimar

Urteil. Seine Briefe sind das schönste Andenken, das ich von ihm besitze, und sie gehören mit zu dem Vortrefflichsten, was er geschrieben.« Und an anderer Stelle zieht Goethe das großartige Resümee dieser Freundschaft: »Ein Glück für mich war es indes [...], daß ich Schillern hatte. Denn so verschieden unsere beiderseitigen Naturen auch waren, so gingen doch unsere Richtungen auf eins, welches denn unser Verhältnis so innig machte, daß im Grunde keiner ohne den anderen leben konnte. [...] Er war ein prächtiger Mensch, und bei völligen Kräften ist er von uns gegangen.«

Was von Schiller keinesfalls als dauerhafte Übersiedelung nach Weimar geplant war, sondern nur als längere Reise über Kalbsrieth (zu Charlotte von Kalb) und Weimar nach Hamburg, wurde zu einem Wendepunkt seines Lebens und die Doppelstadt Weimar-Jena zu seiner neuen Heimat. Was er neben seinem Drang zu schreiben – und dies in möglichst großer Unabhängigkeit – nach Thüringen mitbrachte, waren Schulden, ein instabiler Gesundheitszustand und die Sehnsucht nach geordneten Verhältnissen, wie er sie in der festen Bindung an eine Frau zu finden hoffte. »Die hiesigen Damen sind ganz erstaunlich empfindsam, da ist beinahe keine, die nicht eine Geschichte hätte oder gehabt hätte. Erobern möchten sie gern alle. [...] Man kann hie sehr leicht zu einer Angelegenheit des Herzens kommen, welche aber freilich bald genug ihren ersten Wohnplatz verändert«, registrierte er, der bisher als »isolierter, fremder Mensch« in der Natur umhergeirrt sei, schon wenige Wochen nach seiner Ankunft in der Stadt am 21. Juli 1787. Doch an »Fille de joie« (Freudenmädchen) war ihm nicht gelegen. »Ich muß ein Geschöpf um mich haben, das mir gehört, das ich glücklich machen kann und muß, an dessen Dasein mein eigenes sich erfrischen kann. [...] Ich bedarf eines Mediums, durch das ich die anderen Freuden genieße. Freundschaft, Geschmack, Wahrheit und Schönheit werden mehr auf mich wirken, wenn eine ununterbrochene Reihe feiner, wohltätiger häuslicher Empfindungen mich für die Freude stimmt und mein erstarrtes Wesen wieder durchwärmt.«

Zunächst noch frei und offen für »das ganze Weibergeschlecht«, sehnte er sich schon bald »nach einer bürgerlichen und häuslichen Existenz«. Konnte ihm diese die verheiratete Charlotte von Kalb bieten? Oder Frau von Schardt mit ihren »sehr begehrlichen Augen«? Hoffnungen, daß Schiller sein Schwiegersohn werden könnte, hatte sich wohl auch Wieland gemacht, selbst wenn der junge Mann derartige Erwartungen zu keiner Zeit »erweckt, auch nicht unterhalten« hatte. Allerdings zeigte er Verständnis für Wieland, der nicht warten wollte, »bis die Genies sich erklären. Bei fünf ledigen Töchtern darf einem wohl angst werden [...].« Kam die Erfüllung seiner Sehnsucht aus der fränkischen Reichsstadt Schweinfurt, wo man ihm eine »Ratsherrenstelle mit leidlichen Gehalt, verbunden mit einer Frau von einigen tausend Taler«, anbot? Als »Spaß« nur konnte er es abtun, daß die in Aussicht gestellte Dame annahm, »mit ihrem bißchen Geld und der Lockspeise einer Stelle« einen Menschen zu ködern, »der auch andre Forderungen befriedigt«.

Schillers wirkliche Herzensangelegenheit begann am Nachmittag des 6. Dezember 1787, als er zusammen mit seinem Schulfreund Wilhelm von Wolzogen zum erstenmal in Rudolstadt* einritt. Tags zuvor waren sie früh halb sieben Uhr in Bauerbach bei Meiningen* aufgebrochen und hatten es über Suhl bis nach Ilmenau geschafft, wo sie übernachteten. Anderntags ging es – gleichfalls in aller Frühe – über Königssee weiter nach Rudolstadt. Wolzogen hatte Schillers Einladung nach Weimar nur unter der Bedingung angenommen, daß sie einen Umweg über Rudolstadt machten und dort die mit ihm verwandte Familie Lengefeld besuchten. Ein schicksalhafter Umweg, denn hier begegnete Schiller seiner späteren Frau Charlotte von Lengefeld. In Lauchstädt* verlobte er sich mit ihr, und in Wenigenjena* wurden sie ein Paar.

Doch zurück in die Zeit von Schillers erstem Weimar-Aufenthalt, der durch den von Goethe »mit Lebhaftigkeit« geförderten Ruf an die Jenaer Universität und die Übersiedlung im Mai 1789 seinen Abschluß fand; erst zehn Jahre später sollte Schiller – diesmal endgültig – nach Weimar zurückkehren. Seine geliebte Charlotte über den bevorstehenden Weggang tröstend, schrieb er: »Ihre Vorstellung, daß wir dann wenigstens die Saale miteinander gemein haben, hat mir Vergnügen gemacht. Mich besonders wird sie immer erinnern, daß sie von Rudolstadt herkömmt. Mit den schönen Pfirschen und Weinbeeren wollen wir einen großen Handel untereinander treiben.« Die verbleibende Zeit nutzte er, um sich in das Fach eines Universitätsprofessors einzuarbeiten und zu diesem Zwecke »in einem Schwall von mehr als 1000 geist- und herzlosen alten Schriften« herumzuwühlen. Er tat es in der Gewißheit, wie Körner lesen konnte, »daß kein Fach [wie die Geschichte] so gut dazu taugt, meine ökonomische Schriftstellerei darauf zu gründen sowie auch eine gewisse Art von Reputation; denn es gibt auch einen ökonomischen Ruhm«. Schiller wußte um seinen Mangel an Gelehrsamkeit, und so hatte er wohl auch Lampenfieber vor der neuen Würde und Bürde. Doch Goethe nahm ihm die Angst mit dem Spruch »docendo discitur«: lehrend wird gelernt.

Am 3. Dezember 1799 kehrte er mit seiner Frau, die nach der Geburt der Tochter Caroline im Oktober dieses Jahres lebensgefährlich erkrankt war, und den Kindern Karl, Ernst und eben Caroline nach Weimar zurück. Hinter ihm lagen furchtbare Wochen, da er wegen der Zustände seiner Frau – Schiller spricht von Krämpfen, Blutsturz, Nervenfieber und einer Art »Wahnsinn« – »binnen 12 Tagen 5 Nächte in kein Bette kam und auch den Tag über geängstigt wurde«. Überstand er selbst diese Zeit, ohne daß seine Gesundheit schwer erschüttert wurde, so suchte ihn im Februar des neuen Jahres ein schweres Nervenfieber heim, von dem er sich bis Ende März nicht erholt hatte: »die Kräfte sind noch sehr weit zurück, daß ich mit Mühe die Treppen steige und noch mit zitternder Hand schreibe«, ließ er Körner wissen. Wo er konnte, kurierte sich der Arzt Schiller selbst: »Ich komme mir durch frische Luft und durch Bewegung zu Hilfe, wozu die schlechten Berge um Weimar herum schon noch gut genug sind. Frisch und gestärkt komm ich dann wieder nach Hause und setze meine Arbeit mit mehr Leichtigkeit fort«, heißt es in einem Brief an Caroline von Beulwitz. Doch die Phasen, da er sich »recht gesund und, welches viel sagen will, sogar von Schnupfen frei« fühlte, wurden immer kürzer. Mal klagt er: »besonders ist der Kopf angegriffen, und das bißchen Schreiben wird mir sauer«, mal über ein »Reißen in den Lenden, das ich mir durch eine Erkältung zugezogen haben mag und das einmal frühmorgens so stark war, daß ich mich nicht im Bette rühren konnte«. Besonders hart traf ihn der Winter 1804/05. »Seit dem ›Tell‹ haben Krankheiten und Zerstreuungen meine Tätigkeit öfters unterbrochen; eine Reise nach Berlin* im vorigen Frühjahr, darauf im Sommer eine heftige Krankheit und dieser furchtbar angreifende Winter haben mich ziemlich von meinem Ziel verschlagen.« Im April 1805, als endlich auch in Weimar die bessere Jahreszeit zu spüren war, schöpfte er wieder Mut – »aber ich werde Mühe haben, die harten Stöße, seit neun Monaten, zu verwinden, und ich fürchte, daß doch etwas davon zurückbleibt; die Natur hilft sich zwischen 40 und 50 nicht mehr als im 30. Jahr. Indessen will ich mich ganz zufriedengeben, wenn mir nur Leben und leidliche Gesundheit bis zum 50. Jahr aushält.« Am 9. Mai, zwei Wochen nach diesem Brief an Körner in Dresden, starb er – gerade 45jährig.

Verlassen wir das klassische Weimar und begeben uns in jenen Ort, der heute rund 64000 Einwohner sowie jährlich mehrere Millionen Besucher zählt. Folgen wir Schillers Spuren in der 1999 als »Kulturstadt Europas« ausgezeichneten Stadt an der Ilm, deren Besuchermagnete vor einiger Zeit in die Weltkulturerbe-Liste der UNESCO aufgenommen wurden: Goethes Wohnhaus, Schillers Wohnhaus, das Wittumspalais, die (Anfang September 2004 vom Feuer heimgesuchte) Herzogin Anna Amalia Bibliothek, die Stadtkirche St. Peter und Paul, das Herderhaus (nebst altem Gymnasium), die Fürstengruft und der Historische Friedhof, der Park an der Ilm mit dem Römischen Haus, Goethes Gartenhaus und Garten, das Stadtschloß, die Orangerie und der Schloßpark Belvedere, das Schloß und der Schloßpark Tiefurt sowie Schloß und Park Ettersburg.

*Frauentorstraße 21, Schillerstraße 18, Windischenstraße 8,*
*Hotel »Erbprinz«, Hotel »Elephant«*
*Wo Schiller zur Miete wohnte oder gelegentlich nächtigte*

Moderne Fußballstadien sind größer als jenes Areal, auf dem die Häuser standen bzw. stehen, in denen Friedrich Schiller wohnte oder gelegentlich nächtigte, bevor er glücklicher Besitzer des Hauses an der Esplanade wurde. Auf dem Grundstück Nr. 18 der Esplanade (heute Schillerstraße 18) stand seit 1775 das Redoutenhaus. Es wurde für Bälle, Maskenfeste und andere gesellige Veranstaltungen sowie für Aufführungen des Liebhabertheaters genutzt. Schiller hatte in diesem Haus seine erste Weimarer Wohnung. Bereits nach wenigen Tagen war ihm klargeworden, daß er in Weimar »das schwarze Kleid« ganz hätte entbehren können. Und ebenso rasch kam er zu der Einsicht, »einen Bedienten annehmen« zu müssen. Frau von Kalb hatte ihm bereits einen ausgesucht. »Gefällt er mir und ist er nur mit 5 Taler des Monats zufrieden«, so käme die Anstellung zustande.

Das Haus Frauentorstraße 21, wo Schiller von 1787 bis 1789 Unterkunft fand (Gedenktafel), war seinem Vorhaben, Goethe nahe zu sein, dienlich wie kein anderes. Lediglich getrennt durch das schon 1569 erwähnte Gasthaus »Weißer Schwan«, wohnte er quasi Tür an Tür mit Goethe. Überdies traf man sich auch direkt in dem Gasthof, zu dem nach einer zeitgenössischen Beschreibung »zwey Stuben, etliche Kammern und sonst die nöthigen Stücke eines Gasthofes, worunter ein Stall auf 12 Pferde«, gehörten. Goethe quartierte hier gern seine Gäste ein. »Der weiße Schwan begrüßt Dich jederzeit mit offenen Flügeln!« verhieß er seinem musikalischen Berater und Freund in Berlin, dem Komponisten und Chorleiter Carl Friedrich Zelter, der auch für Schiller arbeitete.

Nur wenige Schritte vom Frauenplan entfernt liegt der Markt, von dem die Windischenstraße abgeht. Im Bogen des Portals von Haus Nr. 8 wird daran erinnert, daß Schiller hier von 1799 bis 1802, also seit seiner Übersiedlung aus Jena bis zum Einzug in das eigene Haus auf der Esplanade, wohnte. Einige Wochen vor dem Umzug erfuhr Schillers Mutter Elisabeth Dorothea diese und andere Neuigkeiten von ihrem noch in Jena lebenden Sohn Friedrich: »Wir werden nach überstandenen Wochen meiner Frau [die Geburt der Tochter Caroline stand bevor] nach Weimar ziehen und den Winter dort zubringen. Ich habe Geschäfte dort, und der Herzog will mich dort haben; er hat mir deswegen auf eine sehr schmeichelhafte Weise meine Besoldung verdoppelt [...]. Wir stehen uns jetzt doch mit dem, was uns meine Schwiegermutter jährlich gibt, auf etwas über 1000 Gulden Reichsgeld; dieses nehme ich ein, ohne etwas dafür zu tun, und 1400 Gulden, die ich noch außerdem brauche, habe ich noch alle Jahre durch meine Bücher verdient. Weil das Holz in Weimar teurer ist als hier, so sind mir noch 4 Maß Holz für diesen Winter unentgeltlich angewiesen worden, und ich habe allerlei kleine Vorteile zu hoffen, denn ich stehe sehr gut beim Herzog und der Herzogin.« Über die neue Wohnung schrieb er, daß sie »sehr geräumig und hübsch« sei. Daß ihn alsbald der Lärm und der Schmutz in der Windischengasse (wie die Windischenstraße damals hieß) störte, verheimlichte er der Mutter ebenso wie seine tatsächliche wirtschaftliche Lage, die doch um einiges schlechter war, als er sie ihr geschildert hatte.

»Ich wohne bis jetzt noch im Gasthof zum Erbprinzen«, schrieb Schiller am 23. Juli 1787 an Körners. Dieser Satz war nicht nur eine Ortsangabe, sondern lieferte auch vorsorglich die Begründung dafür, daß, solange er nicht in seinen eigenen vier Wänden lebe, nichts Ordentliches von ihm zu erwarten sei. Der »Erbprinz« (später Parkhotel) stand bis zu seinem Abriß wegen Baufälligkeit im Jahre 1989 unmittelbar neben dem Hotel »Elephant« am Markt, wo Schiller ebenfalls gelegentlich logierte. Ein Schlußstein vom Hotel »Zum Erbprinz« wurde in die Mauer einbezogen, welche das noch unbebaute Abrißgrundstück von der Straße trennt. Eine Gedenktafel verweist darauf, daß hier auch das Haus stand, in dem Johann Sebastian Bach wohnte. Auf Schiller oder andere berühmte Hotelgäste wie Napoleon, Wilhelm von Humboldt, Carl Maria von Weber, Hector Berlioz, Franz Liszt und Richard Wagner wird allerdings nicht hingewiesen.

## Schillerstraße Nr. 12
### Stadtwohnung mit der Annehmlichkeit eines Gartenhauses

Auch wenn es während des Bombardements der Weimarer Innenstadt im Februar 1945 getroffen wurde, ist das 1777 gebaute Haus das weithin einzige authentische Schiller-Wohnhaus der Stadt und zugleich das einzige Gebäude aus jener Zeit, als die heute pulsierende Fußgängerzone Schillerstraße noch am unbebauten Stadtrand lag. »Unser Haus ist recht freundlich [...] ich freue mich des Besitzes, weil die Lage meinen Augen wohltätig ist, und ich immer wie in einer Laube sitze, auch für die Kinder ist es sehr freundlich, und für eine Wohnung in der Stadt hat sie alles Angenehme eines Gartenhauses, weil die Esplanade unser Garten ist«, beschrieb Charlotte Schiller das erste eigene Zuhause dem jüngsten Sohn Charlotte von Steins, Fritz. Daß der Einzug der Familie viel Zeit und Ruhe geraubt hatte, verschwieg sie ebensowenig wie der Hausherr selbst. Zugleich aber ließ er

Schillers Wohnhaus an der damaligen Esplanade,
der heutigen Schillerstraße

seine außerhalb wohnenden Verwandten und Freunde an dem mit dem Hauskauf aufkommenden Glück teilhaben: »In unserm neuen Hause wird es Euch, wenn Ihr uns einmal besucht, recht wohl gefallen. Es ist sehr heiter und freundlich und liegt sehr angenehm. Freilich haben wir diesen Sommer mit dem Bauen viel Schererei gehabt und große Kosten, auch das Ameublement hat gekostet, aber jetzt freuen wir uns auch dieses Besitzes und fühlen das Angenehme einer eigenen, unabhängigen und bequemen Wohnung, weil wir uns während unsrer ganzen Ehe immer in diesem Stück haben behelfen müssen«, teilte er der Schwester Christophine in Meiningen Anfang Januar 1803 mit. Dennoch sei er nicht »unfleißig« gewesen, zumal das Haus mit Schulden belastet und Weimar ein teures Pflaster war, weshalb er sich »zusammennehmen« müsse, um Geld zu verdienen. In vier Wochen, so versprach er der Schwester, werde eine Tragödie, »und zwar im Stil der antiken Stücke, fertig sein«: »Die Braut von Messina«.

An Schillers Schreibtisch angelangt, sei hier eine Episode eingefügt, wie sie Eckermann überliefert hat und seitdem in die Literaturgeschichte eingegangen ist: »Wir waren, wie gesagt und wie wir Alle wissen, fuhr Goethe fort, bei aller Gleichheit unserer Richtungen, Naturen sehr verschiedener Art, und zwar nicht bloß in geistigen Dingen, sondern auch in physischen. Eine Luft, die Schillern wohltätig war, wirkte auf mich wie Gift. Ich besuchte ihn eines Tages, und da ich ihn nicht zu Hause fand und seine Frau mir sagte, daß er bald zurückkommen würde, so setzte ich mich an seinen Arbeitstisch, um mir dieses und jenes zu notieren. Ich hatte aber nicht lange gesessen, als ich von einem heimlichen Übelbefinden mich überschlichen fühlte, welches sich nach und nach steigerte, so daß ich endlich einer Ohnmacht nahe war. Ich wußte anfänglich nicht, welcher Ursache ich diesen elenden, mir ganz ungewöhnlichen Zustand zuschreiben sollte, bis ich endlich bemerkte, daß aus einer Schieblade neben mir ein sehr fataler Geruch strömte. Als ich sie öffnete, fand ich zu meinem Erstaunen, daß sie voll fauler Äpfel war. Ich trat sogleich an ein Fenster und schöpfte frische Luft, worauf ich mich denn augenblicklich wiederhergestellt fühlte. Indes war seine Frau wieder hereingetreten, die mir sagte, daß die Schieblade immer mit faulen Äpfeln gefüllt sein müsse, indem dieser Geruch Schillern wohltue und er ohne ihn nicht leben und arbeiten könne.« (7. Oktober 1827)

Im Vorfeld des Hauskaufes hatte sich Schiller an Cotta und Goethe gewandt und den einen um baren Vorschuß, den anderen um Unterstützung beim Verkauf des Anwesens in Jena gebeten. Obwohl der letzte Besitzer Mellish im Preis zwar etwas nachgegeben hatte, konnte Schiller noch immer nicht »wohlfeil« kaufen, willigte aber in den Vertrag ein, um der Sorge um das eigene Zuhause »einmal für allemal [...] überhoben zu sein«. Verleger Cotta sollte Bares beisteuern, da der Verkäufer unter diesen Umständen wahrscheinlich noch einen Vorteil gewähren würde. Cottas Schaden sollte es, wie wir lesen, nicht sein: »Ich zahle meiner Schwiegermutter für ihren Vorschuß 4 proCent; und muß Sie bitten, werthester Freund, sich diese Einrichtung gleichfalls gefallen zu lassen; denn da ich jene Summe nicht von meinen neuen Arbeiten, davon ich das Honorar zu meiner Subsistenz brauche, sondern von der Sammlung meiner theatralischen Schriften und folglich nur langsam abtragen kann, so würden Sie dabei zuviel verlieren, wenn das Capital Ihnen ganz todt daläge. Bei 4 proCent aber habe ich gar keinen Verlust.«

Was den Verkauf des jenaischen Besitzes betraf, so instruierte er Goethe folgendermaßen: »Der Ankauf hat mich 1 150 Taler gekostet, und ich habe 500 Taler darein verbaut, wie ich mit den Rechnungen dokumentieren kann. Ich möchte nun freilich nicht gern dabei verlieren und, wo möglich, noch etwas gewinnen. Da ich aber jetzt gern bar Geld hätte, um mein hiesiges Haus bald von aller Hypothek zu befreien, so bin ich mit 1 500 Talern als dem äußersten Preis für Garten und Gartenhaus zufrieden. Was Götze [ein ehemaliger Bediensteter und nunmehr Wegebauinspektor in Jena] mir über diese Summe verschaffen kann, will ich ihm hoch verinteressieren.« Die Rechnungen gingen anscheinend alle auf, denn im April 1804 lud ein zufriedener Hausbesitzer die Körners aus Dresden nach Weimar ein – und dies noch auf seine Kosten: »An der Ausgabe dieser Reise mußt Du Dich nicht stoßen. Ich bezahle dieses Spätjahr den Rückstand an meinem Hause, und es bleibt mir noch so viel übrig, daß ich anfangen kann, auch an unsre alte Rechnung zu denken. Auf 40 Louisdors kannst Du also vors erste sicher rechnen, die ich auf den August für Dich bereit habe.« Ja, Körner sollte Wohltuendes aus Weimar hören: »Die Finanzen stehen übrigens gut, wenn ich nur diesen Winter fleißig sein kann, so ist Geld genug zu erwarten.«

Literarisches und Dramatisches vorzulegen war ihm selbstverständlich nicht nur eine finanzielle Verpflichtung. Wahrscheinlich stärker als je zuvor fühlte er sich zur Schriftstellerei berufen. In seinem letzten Brief an den in Rom weilenden Wilhelm von Humboldt vom 2. April 1805 beklagte er sich bitter über die derzeitige deutsche Literaturszene: »Um die poetische Produktion in Deutschland sieht es aber höchst kläglich aus, und man sieht wirklich nicht, wo eine Literatur für die nächsten 30 Jahre herkommen soll. Auch nicht ein einziges neues Produkt der Poesie weiß ich Ihnen seit langer Zeit zu nennen, was einen neuen Namen an der Spitze trüge und was einem Freude machte. Dagegen regt sich die eselhafte Nachahmungssucht der Deutschen mehr als jemals, eine Nachahmung, die bloß in einem identischen Wiederbringen und Verschlechtern des Urbilds besteht. Solcher Nachahmungen hat auch mein ›Wallenstein‹ und meine ›Braut von Messina‹ vielfach hervorgebracht, aber man ist auch nicht um einen Schritt weiter gefördert.« Als Schiller das schrieb, hatte er den »Tell« abgeschlossen und die unvollendet gebliebene »abenteuerliche Expedition des falschen Demetrius«, »ein tolles Sujet«, wie er gegenüber Wilhelm von Wolzogen schwärmte. Zugleich bat er seinen

An dieser Pforte zu Schillers Haus sahen sich
Goethe und Schiller zum letztenmal

Schwager: »Sollte Dir etwas in die Hände fallen, was darauf Bezug hat und mich dabei fördern könnte, so erinnere Dich meiner. Kostüme aus jener Zeit (es ist jetzt 200 Jahre), Münzen, Prospekte von Städten und dergleichen wären mir sehr willkommen.« Schiller, der so wenig gereist war, mußte aus Beschreibungen anderer und mit Hilfe von Karten, Prospekten usw. jene Welt bauen, die er selbst nie gesehen, in seinen Werken aber so genau darzustellen suchte.

Das Schillerhaus Weimar ist bis in die Mansarde – wo Schiller arbeitete – museal genutzt. Das an der Rückfront des Hauses 1979 errichtete Schillermuseum wird seit einigen Jahren nicht mehr als solches genutzt, sondern dient gelegentlichen Sonderausstellungen und kleinen Tagungen als Domizil. Im Hof zwischen Schillerhaus und Schillermuseum steht der Bronzetorso »Hommage an Schiller« von Wieland Förster.


*Deutsches Nationaltheater Weimar am Theaterplatz*
*In Hamburg haben wir kaum den Schatten davon*


»Schillers Talent war recht fürs Theater geschaffen. Mit jedem Stück schritt er vor und ward vollendeter; doch war es wunderlich, daß ihm noch von den Räubern her ein gewisser Sinn für das Grausame anklebte, der selbst in seiner schönsten Zeit ihn nie ganz verlassen wollte.« So Goethe über Schiller, mit dem er für die Weimarer Bühne äußerst fruchtbare Jahre verbrachte. Dabei war Goethes Interesse an der ihm 1791 vom Herzog übertragenen Theaterdirektion bereits im Abklingen bzw. von anderen Aufgaben, zum Beispiel dem Wiederaufbau des Schlosses, überlagert, als Schiller sich anschickte, von Jena nach Weimar zu übersiedeln, um der dortigen Bühne nahe zu sein. Der Umbau des alten Comödienhauses zum Herzoglichen Hoftheater und die umjubelte Uraufführung von »Wallensteins Lager« zur Wiedereröffnung am 12. Oktober 1798 hatten bei Goethe die alte Lust geweckt und bei beiden gezeitigt, was wir heute eine Erfolgsstory nennen. Effi Biedrzynski, die Nestorin unter den Kennern des klassischen Weimar, schreibt: »Wallenstein war der Auftakt. Niemand hätte ahnen, hätte hoffen, hätte erzwingen können, was folgte. In einem Austausch, dessen Intensität kaum überboten werden kann, trieben sie einander vorwärts. Schillers kluge Teilnahme förderte die Vollendung der ›Lehrjahre‹ und die Weiterarbeit am ›Faust‹. Goethe wiederum überließ Schiller den Tell-Stoff und setzte Autorität und Energie ein, um auf seiner kleinen Bühne, mit seiner kleinen, doch ›trainierten Schar‹ in glänzender Folge im Juni 1800 Schillers ›Maria Stuart‹, im März 1803 ›Die Braut von Messina‹, im April ›Die Jungfrau von Orleans‹ und im Jahr darauf unter Stürmen der Begeisterung ›Wilhelm Tell‹ aufzuführen.«

Wie wir bei Zeitzeugen nachlesen können, war Weimars Theater zu einer führenden Institution in deutschen Landen geworden. Dem Sänger, Schauspieler und späteren Regisseur an der Seite Goethes, Anton Genast, verdanken wir folgende Feststellung anläßlich der »Stuart«-Uraufführung im Sommer 1800: »Von allen Orten waren Zuschauer herbeigeströmt und alle Räume des Auditoriums bis auf den letzten Platz besetzt. Schillers Ruhm hatte sich nicht nur in den Städten Thüringens, sondern auch auf den Dörfern schon verbreitet, und selbst Bauern sah man im Theater, wenn ein Schillersches Stück gegeben wurde.« Daß Weimar die Schule des Geschmacks und der Kunst sei, diesen Eindruck vermittle vorzüglich das Theater, lesen wir bei Joseph Rückert: »Kein Schauspieler kann hier bei einer beliebten unverbesserlichen Mittelmäßigkeit stehenbleiben. Das Publikum erträgt ihn so wenig als die Bühne selbst.« Der in Jena studierende spätere Naturphilosoph Henrik Steffens aus Dänemark resümierte in seine Lebenserinnerungen: »Aber die Schauspieler fürchteten nicht bloß den Mächtigen [Goethe], sie verehrten auch den Kundigen; sie waren sich bewußt, daß, wer sich in Weimars Schule fleißig ausgebildet hatte, der hatte einen entschiedenen Ruf auf allen deutschen Bühnen erlangt, und wenn Verhältnisse es wünschenswert machen sollten, Weimar zu verlassen, so würde es ihm nie an einer vorteilhaften Anstellung fehlen.« Johanna Schopenhauer schrieb in Vorfreude auf den nächsten Theaterbesuch: »Vom Theater verspreche ich mir großen Genuß; ich habe es dreimal besucht: es ist wirklich ausgezeichnet; in Hamburg haben wir kaum den Schatten davon.« Freilich gab es auch andere Stimmen: Franz Grillparzer etwa sah, als er das Theater besuchte, zwar ein unbedeutendes Stück, aber immerhin spielte Graff, »der der erste Wallenstein Schillers gewesen war. Ich fand ihn durch nichts ausgezeichnet, und als man mir erzählte, daß nach jener ersten Vorstellung Schiller aufs Theater geeilt sei, Graff umarmt und ausgerufen habe, jetzt erst verstehe er seinen eigenen Wallenstein, dachte ich mir, um wie viel größer wäre der große Dichter geworden, wenn er je ein Publikum und echte Schauspieler gekannt hätte.«

Ob Schiller derlei schwante, als er in einem Brief an Goethe vom 28. April 1801 zürnte, mit dem »Schauspielervolk« nichts mehr zu schaffen haben zu wollen, »denn durch Vernunft und Gefälligkeit ist nichts auszurichten, es gibt nur ein einziges Verhältnis zu ihnen, den kurzen Imperativ, den ich nicht auszuüben habe«? Andererseits übermittelte er dem Breslauer Schauspieler Karl Schwarz noch Anfang 1804 ausführliche Hinweise für eine von diesem geplante »Tell«-Aufführung. Der Brief sei hier ausführlicher zitiert, gewährt er doch Einblick in die damalige Weimarer Inszenierung, deren Uraufführung »mit dem größten Sukzeß, wie noch keins meiner Stücke«, über die Bühne ging. Schiller schrieb: »Wir haben mit 17 männlichen Schauspielern 30 männliche, einzeln sprechende Rollen besetzt, ohne daß es nötig gewesen wäre, die Hauptrollen zu duplieren. Jedes Theater muß sich hierin nach seinem Personale richten; es kann im ganzen nichts darüber bestimmt werden. [...] Ebensowenig brauch ich Ihnen vorzuschreiben, wie die Rolle des Tell zu nehmen ist. Die Rolle erklärt sich selbst: eine edle Simplizität, eine ruhige, gehaltne Kraft ist der Charakter; mithin wenige, aber bedeutende Gestikulation, ein gelassenes Spiel, Nachdruck ohne Heftigkeit, durchaus eine edle, schlichte Manneswürde. [...] Vom Kostüme leg ich einige Zeichnungen bei. Übrigens gilt bei diesem Stücke ganz das Kostüm des Mittelalters, und das Eigentümliche der alten Schweizertracht ist besonders in den weiten Pumphosen; die ganz gemeinen Landleute können zum Teil im Hemd, mit bunten Hosenträgern spielen und viele Kleider erspart werden. Auf dem Kopf tragen einige Barette, andere schwarze oder bunte Hüte.« Und zum Schluß dann die Anweisung: »Tell schießt nicht wirklich, sondern schnellt nur ab; denn der Pfeil kann in der Luft nicht gesehen werden.«

Auf Grund zahlreicher Beschreibungen können wir uns das damalige Theaterhaus, gegen das »die anderen deutschen nur Kulissen« (Jean Paul) waren, recht gut vorstellen. Caroline Schlegel, begeistert, daß Goethe das alte Comödienhaus in ein »freundlich glänzendes Feenschlößchen verwandelt« habe, schreibt am 14. Oktober 1798 über das Herzogliche Hoftheater: »Ein Architekt und Dekorateur aus Stuttgart ist dazu herberufen und innerhalb dreizehn Wochen sind Säulen, Galerien, Balkone, Vorhang verfertigt und was nicht alles geschmückt, gemalt, verguldet, aber in der Tat mit Geschmack. Die Beleuchtung ist äußerst hübsch, vermittelst eines weiten Kranzes von englischen Lampen, der in einer kleinen Kuppel schwebt, durch welche zugleich der Dunst des Hauses hinauszieht.« Dem englischen Schriftsteller Henry Crabb Robinson, der in jener Zeit in Deutschland studierte, bescherte das im November 1801 besuchte Haus »ganz neue Empfindungen; nichts erweckt das übliche unangenehme Gefühl der Beengtheit und Ungeduld, hier ist alles zur Bequemlichkeit des Publikums geordnet. Die Sitze im Parkett sind numeriert, und jeder hat seinen Platz. Die Logen sind ganz offen, eine Reihe Säulen umgibt im Halbrund das Haus, und auf den offenen Balustraden sind die Angehörigen der Gesellschaft, die dort Platz nehmen, höchst vorteilhaft zu sehen. In den Logen sind keine Sitze und nur eine Reihe Stühle, auf denen vor allem Damen Platz nehmen. Die begleitenden Herren stehen dahinter. Die Mittelloge gehört dem Hof. Sie ist recht geräumig und geschmackvoll ausgestattet.« Das alles war mit sehr bescheidenen finanziellen Mitteln ermöglicht worden, was den schwedischen Schriftsteller Bernhard von Beskow nach seinem Besuch in Weimar zu dem Lob veranlaßte: »Wenn man diesen Musentempel sieht, dessen Umfang nur wenig größer ist als der eines Empfangssaales […], muß man lächeln über das eitle Streben der großen Bühnen, die Millionen wegschleudern, um durch Ausstattung, Prunk und Vorrichtungen den rohen und verkehrten Geschmack der Masse zu unterhalten.«

Das seit 1779 gegenüber dem Wittumspalais stehende Comödienhaus wurde 1798 unter Goethes Anleitung und teils tätiger Mitwirkung umgebaut und neu ausgestattet. In der Nacht vom 21. zum 22. März 1825 ging es in Flammen auf. Bereits sechs Monate später öffnete ein auf dem alten Grund errichtetes Theater erneut seine Pforten. An dessen Stelle wurde Anfang Januar 1908 jenes Gebäude fertiggestellt, dessen klassizistische Fassade samt dem bereits 1857 aufgestellten Goethe-und-Schiller-Denkmal zum Wahrzeichen der Stadt wurden. Am 19. Januar 1919, dem Tag der Wahlen zur verfassunggebenden Nationalversammlung, erhielt das für die deutsche Kultur- und Theatergeschichte bedeutende Haus den Namen »Deutsches Nationaltheater« (Gedenktafel). Gegen Ende des Zweiten Weltkriegs noch als Rüstungsfabrik mißbraucht, wurde das Theater im Februar 1945 von Fliegerbomben getroffen und brannte aus. Erneut aufgebaut, lud es zu Goethes Geburtstag am 28. August 1948 mit einer Inszenierung des »Faust« zur Wiedereröffnung ein. Bühnen- und Zuschauerraum wurden Mitte der 1970er Jahre umfassend rekonstruiert bzw. modernisiert.

Dem Theater schräg gegenüber steht das 1767 erbaute Wittumspalais, das nach dem verheerenden Schloßbrand von 1774 Sitz der Herzoginmutter Anna Amalia war. Bekannt für ihren engagierten Umgang mit geistreichen Personen, etablierte sie in dem außen wie innen eher bescheidenen Anwesen einen literarischen Salon. Ihre Einladungen zu den sogenannten Tafelrunden, an die der Tisch im Tafelrundenzimmer erinnert, wurden von Goethe, Wieland, Herder, Schiller und anderen gern angenommen. Das Gebäude wird heute museal genutzt.

### Stadtschloß, »Stern« und Park an der Ilm
### Maria Pawlowna, eine »unschätzbare Akquisition«

»Die Festivitäten […] sind nun zu Ende, und wir treten wieder allmählich in unser gewöhnliches Philisterleben zurück. Außer einem Katarrh, den ich mir geholt, bin ich ganz leidlich weggekommen, welches ich kaum erwarten konnte, da man sich bei solchen Gelegenheiten niemals schonen kann.« Was für eine »Gelegenheit« war es, auf die sich Schiller am 22. November 1804 in einem Brief an Körners bezog?

Am Nachmittag des 9. November 1804, einen Tag vor Friedrich Schillers Geburtstag, stand Weimar kopf. Nach vierwöchiger Reise mit einer für damalige Verhältnisse ausgesprochen komfortablen Kutsche rollte von St. Petersburg her – vom Volk begeistert empfangen – die Enkelin Katharinas der Großen und Tochter des Zaren Paul und der aus dem Hause Württemberg stammenden Maria Feodorowna, die Schwester der Zaren Alexander und Nikolaus, die Großfürstin von Rußland, Maria Pawlowna, in das kleine Weimar ein. Neben der gerade Achtzehnjährigen saß der Erbprinz und spätere Großherzog von Sachsen-Weimar-Eisenach, Carl Friedrich, ihr frisch vermählter Ehemann. »Der Einzug war wirklich sehenswert, denn alle Welt war auf den Beinen, und die Bergstraße neben der ganzen Anhöhe, woran Weimar sich lehnt, war von Menschengruppen belebt.« Im Fourierbuch des weimarischen Hofes steht unter diesem Tag u. a.: »Der Empfang geschahe von dem gesammten Hof und sämtl. Wirkl. Räthen u. Assessoren der Landes-Collegien an der untersten Treppe im Schloß.« Verteilt auf 80 Planwagen, war zuvor schon die Aussteuer der jungen Frau samt Ausstattung für ihren Mann eingetroffen. Die Inventarlisten verzeichnen ein prächtiges Prunkbett, Möbel, Wäsche, Unmengen von Stoffballen, Porzellan, ein goldenes Teeservice, Tafelsilber, Kamineinfassungen und viele repräsentative, daneben aber auch sehr nützliche Dinge. Keine Frage: Das Zarenhaus wollte beeindrucken, Standesunterschiede markieren. Auf den Einzug folgten zwanzig Tage lang Bälle, Feuerwerk, Illumination, Musik, Komödie und dergleichen mehr. Das Festlichste an allem aber war für Schiller »die aufrichtige, allgemeine Freude über unsre neue Prinzessin, an der wir in der Tat eine unschätzbare Akquisition gemacht haben«.

Das mit der Akquisition war durchaus auch ganz persönlich gemeint: »Auch kann ich mit meinen gegenwärtigen hiesigen Verhältnissen recht wohl zufrieden sein, und es ist nicht unmöglich, daß sie sich noch weiter verbessern, da unsere Erbprinzessin, wie ich höre, gute Gesinnungen für mich mitbringt.« Insofern wird sich Schiller wohl nicht lange gesträubt haben, als man ihn, wenngleich in letzter Minute, um etwas Dramatisches bat, das wenige Tage nach der Ankunft Maria Pawlownas in ihrem Beisein im Theater aufgeführt werden sollte. »[...] und da Goethe seine Erfindungskraft umsonst anstrengte, so mußte ich endlich mit der meinigen noch aushelfen.« Zwischen dem Vermerk »an den Prolog gegangen« und »Prolog fertig« in Schillers Kalender liegen nur vier Tage. Sein »Machwerk«, wie er selbst den »Huldigung der Künste« überschriebenen Prolog nannte, wurde am 12. November gegeben. Anton Genast war zugegen: »Das Festspiel fand die vollste Anerkennung von seiten des Hofes wie des Publikums, und doch gab es Einzelne, die bei manchen Andeutungen eine Liebedienerei Rußland gegenüber erblicken wollten. Jeder echte deutsche Mann wird gewiß einen Schiller davon frei sprechen.« Dieser selbst war

zufrieden damit, daß das kleine Stück über all seine Hoffnung »reüssierte«. Gut möglich, daß er ob dieses schönen
Erfolges und ob der Überraschung, aus dem Petersburger
Zarenhaus »einen sehr kostbaren Ring« erhalten zu haben,
die Einladung zum Maskenfest zu Ehren der Erbprinzessin
in der Redoute nicht nur gern angenommen hatte, sondern
daselbst »ein wenig viel« trank, wie der gleichfalls anwesende
Weimarer Gymnasiallehrer Johann Heinrich Voß notierte.

»Ich bin nun sehr erwartend, wie sie [Maria Pawlowna]
sich hier ihre Existenz einrichten und wohin sich ihre Tätigkeit richten wird. Gebe der Himmel, daß sie etwas für die
Künste tun möge, die sich hier, besonders die Musik, gar
schlecht befinden.« Schillers Erwartungen wurden nicht
enttäuscht. Schon bald nach dem prächtigen Einzug war al-
lenthalben zu spüren, wie segensreich sich der seit 1799 vom
Freiherrn Wilhelm von Wolzogen äußerst diplomatisch ein-
gefädelte Coup auf das Herzogtum auswirkte. Finanziert
auch mit stattlichen Summen aus der Privatschatulle, förderte Maria Pawlowna, so wie es vor ihr Anna Amalia getan
hatte, die Künste, die Wissenschaft und die Bildung. Die
von ihr nach Weimar geholten Musiker und Komponisten
Hummel, Liszt und Wagner stehen stellvertretend für viele
andere, die das so genannte »Silberne Zeitalter« der Stadt
begründeten. Indem sie im Schloß Memorialräume für Goethe, Schiller und andere Dichter aus Weimars »Goldenem
Zeitalter« einrichten ließ, legte sie das Fundament für den
bis heute wirkenden »Mythos Weimar«. An Maria Pawlowna
erinnert auf dem Historischen Friedhof von Weimar die von
Zwiebeltürmen gekrönte russisch-orthodoxe Grabkapelle.

Schillers Anwesenheit bei Hofe war zum Zeitpunkt des
Einzugs der russischen Großfürstin kein Thema mehr, da er
per Urkunde vom 16. November 1802 in den Reichsadels-
stand erhoben worden war. Noch ein Dreivierteljahr davor
sah das ganz anders aus. In einem Brief an Charlotte von
Stein lesen wir: »Da ich nun zwey Jahre hier wohne, ohne
nach Hofe eingeladen worden zu seyn (denn auch am Hofe

der Herzogin Mutter war ich nie in größerer Gesellschaft) so wünschte ich auch fürs künftige, wegen meiner Kränklichkeit, davon ausgeschlossen zu bleiben.« Schrieb da ein Beleidigter, ein in seiner Eitelkeit Gekränkter? Mit dem Erhalt des Adelsdiploms jedenfalls häuften sich in Schillers Kalender die Eintragungen im Zusammenhang mit dem Hof, vor allem an Sonntagen, wenn der Weimarer Hof, sofern nichts Außergewöhnliches vorlag, zusammentrat. Außergewöhnliches freilich gab es auch, etwa Anfang September 1803 den Besuch des schwedischen Königs: »ich habe die Ehre gehabt, ihn zu sprechen, und er hat mir als ein Zeichen seiner Zufriedenheit wegen meiner Schrift über den Dreißigjährigen Krieg, die der schwedischen Nation so rühmlich wäre, einen brillantnen Ring zum Geschenk gemacht«. Freiherr Wilhelm von Wolzogen, seines Zeichens Architekt, mit dem Schiller seit der Carlsschule befreundet war und der später als weimarischer Staatsbeamter in der Stadt lebte, erfuhr in diesem Brief auch noch einen kleinen Vorwurf: »Du kannst Dir leicht denken, wie sehr mich dieses überrascht und erfreut hat. Wir Poeten sind selten so glücklich, daß die Könige uns lesen, und noch seltner geschieht's, daß sich ihre Diamanten zu uns verirren. Ihr Herren Staats- und Geschäftsleute habt eine große Affinität zu diesen Kostbarkeiten; aber unser Reich ist nicht von dieser Welt.«

Als Schiller das 1803 schrieb, begann in das 1774 abgebrannte Stadtschloß gerade wieder Leben einzuziehen. Fast anderthalb Jahrzehnte hatte der Wiederaufbau bzw. Neubau der Anlage an der Ilm gedauert. In der vom Herzog 1789 eingesetzten Schloßbaukommission saß zeitweise auch Schillers Schwager, ebenjener Architekt Wilhelm von Wolzogen. Mitbeteiligt an dem Bauensemble waren die Architekten Arens aus Hamburg, Thouret aus Stuttgart und Gentz aus Berlin. Die »Falkengalerie«, das Treppenhaus und der Festsaal (Weißer Saal) gehören zu den bedeutendsten Raumschöpfungen des deutschen Klassizismus. Erst 1913/14 wurde jener Querflügel angebaut, der seither das bis dahin zur Stadt und zum Park offene Schloß optisch versperrt. In dem Gebäudekomplex hat die »Stiftung Weimarer Klassik & Kunstsammlungen« ihren Sitz, die hier neben der ständigen Präsentation ihrer Kunstschätze auch zu Sonderausstellungen, Konzerten und anderen Veranstaltungen einlädt. Bis zur Fertigstellung des neuen Schlosses diente das am Platz der Demokratie, dem damaligen Fürstenplatz, gelegene Gebäude, in dem sich die Hochschule für Musik »Franz Liszt« befindet, als Fürstenhaus.

»Ein schönes Lustwäldchen, das man den Stern nennt, gefiel mir besonders, doch noch mehr zog mich das wilde dunkle Ufer eines rauschenden Baches an sich.« Was Nikolai Karamsin recht eigentlich romantisch empfand, sah John Russell etwas anders: »Die Ilm, ein kleiner, kotiger Strom, kriecht vor der Stadt vorbei, längs dem Wasser hat man Holz gepflanzt, Spazierwege angelegt; Felsen, wo man sie fand, in einer perpendikulären Richtung ausgehauen und wo keine da waren, kleine Nischen angebracht; alles dies, um einen Park oder, wie sie ihn öfters nennen, einen englischen Garten anzulegen.«

Ging Schiller spazieren, so war seit seinem ersten Aufenthalt in der Stadt der »Stern« sein Ziel. Der bereits 1685 erwähnte »Sterngarten« in der Nähe des Schlosses, der seinen Namen auf Grund der sternförmigen Wegeanlage erhielt, diente zunächst höfischer Geselligkeit. Ab 1785 wurde der Park, dessen steinerne Attraktion die zur Leibnizallee führende Sternbrücke ist, erweitert. Vor rund 30 Jahren wurde Areal hinter dem Schloß nach historischem Vorbild neugestaltet. Vom »Stern« führen Wege direkt in den Park an der Ilm, der Teil eines grünen Gürtels historischer Gärten und Parkanlagen in und um Weimar ist. Im Park an der Ilm steht auch Goethes Gartenhaus, in dem Schiller oft zu Besuch war.

Herzogin Anna Amalia konnte es natürlich nicht ahnen. Aber sie hatte – anders als anno September 2004 die Bibliothekare im Haus, das ihren Namen trägt – das Glück auf ihrer Seite. Weil ihre mit Büchern vollgestopften Zimmer im Stadtschloß nicht hinreichend Raum für ein angemessenes Wohnen ließen, wollte sie die herzogliche Privatbibliothek an einem anderen Ort untergebracht wissen. Die bis dahin zusammengetragenen 11 000 Bände waren schon damals von hohem ideellem wie materiellem Wert. Doch während der Begründer der Bibliothek, Herzog Wilhelm Ernst, 1706 noch angeregt hatte, diesen Bestand vornehmlich »sowohl der in- als der auswärtigen gelehrten Welt« zu öffnen, empfanden es Anna Amalia und auch ihr Sohn Carl August als fürstliche Pflicht, diese Schatzkammer des Geistes jedermann zugänglich zu machen. Da traf der Vorschlag eines ihrer Minister auf offene Ohren, das zu jener Zeit verwahrloste, teils als Archiv und Gerümpelkammer genutzte Grüne Schloß am Lustgarten als »Behältnis« für die Bibliothek herzurichten. Zum Meisterstück der neuen Innengestaltung des Renaissanceschlosses durch Landbaumeister Friedrich August Straßburger wurde der große, mit Emporen versehene ovale Bibliothekssaal – seither als der schönste Saal einer deutschen Bibliothek gerühmt. Die dabei entstandene Galerie erhielt einen Pfeilerumgang, deren Wandflächen ebenso wie das Mansardgeschoß zum Aufstellen von Büchern genutzt werden konnten. Die Pfeilerkapitelle, die Emporengeländer und die Deckenstukkatur mit Ornamenten des Rokoko in weißer und goldener Färbung verliehen dem Saal sein festliches Gepräge. Am 21. April 1766 meldeten die Kassabücher, daß »nachmittags um 2 Uhr der Umzug der Bibliothek unter göttlichem Beistand« begann; am 7. Mai war er abgeschlossen. 30 000 Bände standen in den Regalen. Goethe, von dem der Satz stammt, daß man sich in einer

Bibliothek wie in der Gegenwart eines großen Kapitals fühle, das geräuschlos unberechenbare Zinsen spende, übernahm zusammen mit Staatsminister Christian Gottlob von Voigt die Oberaufsicht über die Bibliotheken des Landes und damit auch über diese neue Einrichtung. Was Anna Amalia nicht ahnen konnte, war, daß sie mit dieser Entscheidung auch zur Retterin der Bibliothek wurde. Beim Brand, der acht Jahre später das Stadtschloß vernichtete, wären die Bücher ein Opfer der Feuersbrunst geworden und unwiederbringlich verlorengegangen.

An der Schwelle vom zweiten zum dritten Jahrtausend sprengte der Buchbestand der Bibliothek, die seit einigen Jahren den Namen Anna Amalia trägt, alle Begrenzungen. Regale, Magazine, Kisten und Kästen waren mit inzwischen rund einer Million Bänden, darunter etwa 2 000 Buchhandschriften und die mit 13 000 Bänden größte Faust-Sammlung der Welt, gefüllt. Nicht nur den Bibliothekaren und Nutzern war länger schon klar, daß die von dem einzigartigen Rokoko-Saal geprägte Bauhülle kein ausreichender und hinreichend sicherer Platz mehr für diese »Pflanzschule vielseitiger Bildung in weiten Kreisen« (Goethe ) war. Im Mai 2002 wurde der Grundstein für einen einzigartigen Erweiterungsbau gelegt, dessen Tiefenmagazine unter dem Platz der Demokratie das historische Bibliotheksgebäude mit den gegenüberliegenden hinzugekommenen Gebäuden verbinden. Am Abend des 2. September 2004, wenige Wochen bevor die Bestände der alten Bibliothek für die Zeit der Sanierung des historischen Bibliotheksgebäudes in die neuen Magazine hätten umziehen sollen, dann das Unvorstellbare: Ein Brand im Dachstuhl vernichtet zirka 40 000 Bücher aus dem historischen Bestand, Tausende weitere werden vom Löschwasser ebenso schwer in Mitleidenschaft gezogen wie der berühmte Bibliothekssaal. Eine sofort einsetzende Welle der Solidarität, der Hilfs- und Spendenbereitschaft in ganz Deutschland gibt die Gewißheit, daß diese Wiege der deutschen Klassik in alter Schönheit wiedererstehen wird.

Die in der Zeit Goethes akribisch geführten Ausleih-
bücher der Bibliothek vermerken neben Wieland, Herder
(der wegen Überziehung der Leihfrist oft gemahnt werden
mußte) und vielen anderen selbstverständlich auch Schiller
als Nutzer. Vor allem während der Arbeit am »Tell« kam er
öfter in die Bibliothek. Wie in Gelehrten-Städten damals üblich, war es auch in Weimar gängige Praxis, gebrauchte Bücher aus Privatbesitz auf Auktionen anzubieten. Schiller
nutze diese Möglichkeit immer dann, wenn er eine Arbeit
abgeschlossen hatte und sein neues Werk gedruckt in Hän-
den hielt. Dann trennte er sich von Quellentexten und ging
erneut daran, für ein nächstes Vorhaben Bücher bei Bekannten oder in der Herzoglichen Bibliothek auszuleihen.

### Herderplatz
*»Man hat sich wohl in seiner Gegenwart«*

»Endlich kamen wir den 1. Oktober 1776 abends um 10 Uhr
hier an. Es war eben an dem Tage wenige Stunden vorher
ein falscher Feuerschrecken in unsrer Nachbarschaft gewesen, daher die Sprützen noch standen und wir von mehr
Leuten empfangen wurden, als wir so spät glaubten. Die Kü-
ster aller Kirchen umringten mich mit ihren Küsterformu-
laren, das große leere Haus dicht hinter der Kirche, ein blin-
der Nachtwächter, der dicht unterm Fenster das Lied ›Eins
ist not, ach Herr‹ sang und es aus bloßer Höflichkeit ganz
aussingen wollte, und eine Reihe andrer Umstände machten's sehr wüst um uns her.« So schilderte Johann Gottfried
Herder dem 14 Jahre älteren Schriftsteller Johann Georg
Hamann, mit dem er seit seiner Königsberger Studienzeit
befreundet war, die Ankunft in Weimar. Es war Wieland gewesen, der Goethe auf den Gedanken gebracht hatte, Herder nach Weimar zu holen und mit ihm die seit mehreren
Jahren freie Stelle des Generalsuperintendenten zu beset-
zen. Gegen den Widerstand der Geistlichen und des Stadt-

rats gelang das Vorhaben, und Herder blieb mehr als 25 Jahre, bis zu seinem Tod, im »wüsten Weimar, dem unseligen Mittelding zwischen Hofstadt und Dorf«, wie er es sah.

»Im allgemeinen Bewußtsein verbindet sich heute wenig oder nichts mit seinem Namen. Viele, die an seinem Denkmal vorübergehen, haben keine Vorstellung von seinem Lebenswerk. Touristen werden auf Herders geistlichen Beruf hingewiesen und auf seine Freundschaft mit Goethe. Weniger bekannt ist seine eigene schriftstellerische Tätigkeit, noch seltener die Kenntnis seiner Werke, von denen die Schulbücher bis vor wenigen Jahrzehnten Auszüge brachten«, bilanzierte der Weimarer Herder-Experte Dr. Günter Arnold gelegentlich des Herder-Jubiläums 2003 die gegenwärtige Wahrnehmung des Mannes, den Schiller, von Dresden kommend, bereits zwei Tage nach seinem Eintreffen am 21. Juli 1787 aufsuchte. Körners erfuhren per Post von dieser ersten Begegnung: »Seine Unterhaltung ist voll Geist, voll Stärke und Feuer, aber seine Empfindungen bestehen in Haß oder Liebe. [...] Ich muß ihm erstaunlich fremd sein, denn er fragte mich, ob ich verheuratet wäre. Überhaupt ging er mit mir um wie mit einem Menschen, von dem er nichts weiter weiß, als daß er für etwas gehalten wird. Ich glaube, er hat selbst nichts von mir gelesen. / Herder ist erstaunlich höflich, man hat sich wohl in seiner Gegenwart. Ich glaube, ich habe ihm gefallen, denn er äußerte mehrmal, daß ich ihn öfters wiedersehen möchte.« So sollte es kommen. Bald schon hörte er Herder auch das erstemal in der Stadtkirche predigen: »Es war weniger eine Rede als ein vernünftiges Gespräch. [...] Einfach wie sein Inhalt ist auch der Vortrag, keine Gebärdensprache, kein Spiel mit der Stimme, ein ernster und nüchterner Ausdruck. Es ist nicht zu verkennen, daß er sich seiner Würde bewußt ist.«

Auch beim Spazierengehen im »Wäldchen vor der Stadt« begegnete man sich. Gelegentlich schloß sich ein »angenehmer Abend« an, dessen Gesprächsthema natürlich auch die Schriftstellerei war. »Er fragte mich, wie ich arbeite, und da ich ihm sagte, ich hätte das Unglück, während einer weitläuftigten poetischen Arbeit mich selbst zu verändern, weil ich noch im Fortschreiten wäre, und also am Ende eines solchen Produkts anders als bei dessen Anfang zu denken und zu empfinden, so riet er mir, schnelle Brouillons hinzuwerfen und dann erst langsam darin nachzuarbeiten. Seine Idee war helle und richtig.«

Wie Schillers Verhältnis zu manch anderen Zeitgenossen war auch das zu Herder einem Wandel unterworfen. Hieß es im August 1787 noch dankbar, daß Herder sich »laut« für ihn erklärt und »an der Tafel bei der Herzogin meine Partie genommen« habe, so war der Ton zwischen beiden wenige Jahre vor ihrem Tod auf einem Tiefpunkt angelangt. Auch ein Brief Schillers an Goethe vom März 1801 gibt darüber Aufschluß: »Diese ›Adrastea‹ [von Herder herausgegebene Zeitschrift] ist ein bitterböses Werk, das mir wenig Freude gemacht hat. Der Gedanke an sich war nicht übel, das verflossene Jahrhundert in etwa einem Dutzend reich ausgestatteten Heften vorüberzuführen, aber das hätte einen andern Führer erfordert, und die Tiere mit Flügeln und Klauen, die das Werk zieren, können bloß die Flüchtigkeit der Arbeiten und die Feindseligkeit der Maximen bedeuten. Herder verfällt wirklich zusehends, und man möchte sich zuweilen im Ernst fragen, ob einer, der sich jetzt so unendlich trivial, schwach und hohl zeigt, wirklich jemals außerordentlich gewesen sein kann.«

Auf dem Herderplatz stehend, der bis zu seiner Umbenennung im Jahre 1850 Töpfermarkt hieß, kann man fast alle Wirkungsstätten Herders und die in Bronze gegossene Erinnerung an ihn mit einem Blick erfassen: die Stadtkirche St. Peter und Paul, an welcher er von 1776 bis zu seinem Tod 1803 predigte, das 1850 als erstes der Weimarer Dichterdenkmale errichtete Herder-Denkmal, das ein wenig hinter der Kirche gelegene, erst seit 1910 frei stehende Herderhaus (Sitz des Superintendenten) und, östlich an die

Kirche sich anschließend, das stolze dreigeschossige Gymnasium mit dem hohen Dach und der weit ausladenden zweiläufigen Freitreppe, dessen Aufseher Herder über Jahrzehnte war.

*Kassengewölbe auf dem Jakobsfriedhof*
*und Fürstengruft auf dem Hauptfriedhof*
*»Ein dem Bedürfnis gewidmetes Totenmagazin«*

»In dieser Gruft wurde Friedrich Schiller Sonntag, den 12. Mai 1805 nachts 1 Uhr beigesetzt. Die Trauerfeier fand an demselben Tage nachmittags 3 Uhr in der Jakobskirche statt. Generalsuperintendent Vogt hielt die Gedächtnisrede. Klänge aus Mozarts Requiem rahmten die Feier ein.« Das ist auf einem rechteckigen Findling zu lesen, der hinter dem schmiedeeisernen Gitter des Pavillons über dem Kassengewölbe auf dem Jakobsfriedhof zu sehen ist. Die nur wenige Schritte von der Jakobskirche entfernte Begräbnisstätte erhielt ihren Namen, nachdem die Hinterbliebenen eines Privatiers, für den dieses Erbbegräbnis eigentlich gebaut worden war, aus finanziellen Gründen ihr Eigentumsrecht an dem Familiengrab an die oberste Finanzbehörde des Landes Sachsen-Weimar-Eisenach, das Landschaftskassendirektorium, abtreten mußten. Adlige oder andere angesehene Verstorbene, die kein eigenes Erbbegräbnis besaßen, wurden hier, wo insgesamt nur 23 Särge Platz fanden, ab 1725 gegen ein Entgelt beigesetzt. Nach der Beisetzung von Schiller wurden noch zehn weitere Personen in der Gruft beerdigt, 1826 wurde das Kassengewölbe für immer geschlossen. Der heutige Pavillon ist eine Nachbildung aus dem Jahre 1927.

Auf Anordnung von Herzog Carl August wurden Schillers Gebeine – um deren Originalität es seit der Öffnung der ersten Begräbnisstätte von Zeit zu Zeit Spekulationen gibt – am 16. Dezember 1827 in die Fürstengruft auf dem Neuen

Auf dem Jakobsfriedhof wurde Schiller
in der Nacht zum 12. Mai 1805 beigesetzt

Friedhof überführt. Die Fürstengruft war vom damaligen Weimarer Oberbaudirektor Clemens Wenzeslaus Coudray entworfen und ab 1823 auf einer Anhöhe am Ende der mittleren Hauptallee errichtet worden. »Ich wünsche nur etwas sehr Einfaches, bloß ein dem Bedürfnis gewidmetes Totenmagazin«, lautete der herzogliche Bauauftrag an Coudray. Dieser, so erinnerte er sich später, hatte damit, daß »mancherlei störend« auf seine eingereichten Vorschläge Einfluß nahm und ihm »nur 6000 Taler für das Ganze bewilligt« wurden, seine rechte Not. Von Coudray stammen auch die Entwürfe für den Metallsarg des Herzogs sowie für die Eichensarkophage Schillers und Goethes, der hier am 26. März 1832 seine letzte Ruhestätte fand. In der zu besichtigenden Gruft stehen heute 42 fürstliche Särge sowie die Goethes und Schillers.

### Schloß und Park Tiefurt bei Weimar
*»... von allem möglichen viel schales Zeug geschwatzt«*

Schloß Tiefurt liegt »auf dem Lande, eine halbe Stunde von hier« – so zu Zeiten Schillers. Heute ist der Übergang vom historischen Stadtkern Weimars in den Ortsteil Tiefurt fast fließend und die dortige Idylle motorisiert oder per Fahrrad (Ilm-Radweg) in wenigen Minuten zu erreichen.

»Ich bekam eine Einladung von der Herzogin [Anna Amalia], und Wieland sollte mit mir nach Tiefurt fahren. Dieses geschah. [...] Es wird Dich freuen, wenn ich Dir sage, daß sich ein Verhältnis unter uns bildet, wie ich es mir lange gewünscht habe. Der Ton, auf den er sich schnell mit mir gestimmt hat, verrät mir Zutrauen, Liebe und Achtung. Soviel seh ich offenbar, daß er mich vor den meisten schriftstellerischen Menschen unsers Deutschlands auszeichnet und hohe Erwartungen von mir hegt«, gab er Wielands offenbare Schmeicheleien nach Dresden weiter. Auf dieser ersten Kutschtour nach Tiefurt präparierte Wieland seinen

Mitfahrer für das Treffen mit der Herzogin. Ob dank seines Zutuns oder auch ohne dieses: »In einer kleinen halben Viertelstunde war die ganze Bekanntschaft in Ordnung. Wir waren zwei Stunden dort, es wurde Tee gegeben und von allem möglichen viel schales Zeug geschwatzt.« Nachdem man sich im Garten ein wenig die Füße vertreten hatte, kehrte man in das Wohnhaus zurück, »das überaus einfach und in gutem ländlichen Geschmack möbliert ist. Hier wurden mir einige schöne Landschaften von Kobell [Professor an der Kunstakademie Mannheim] gezeigt. Gegen Abend empfahlen wir uns und wurden mit Herrschaftspferden nach Hause gefahren. Wieland, der keine Gelegenheit vorbeiläßt, mir etwas Angenehmes anzukündigen, sagte mir, daß ich sie erobert hätte.«

Mehrfach noch weilte Schiller in dem aus einem Gutshaus entstandenen Schlößchen. Einmal, im Hochsommer 1787, war eine kleine Mißstimmung zu beheben, wobei ihm Goethes Intimfreund Major von Knebel behilflich gewesen sein muß. Denn als Schiller vor der Tür des »Lusthauses« der Herzogin stand, »tat man nun (auf Hofmanier) sehr gnädig gegen mich, ich mußte Kaffee trinken und zwei Stück Kirschkuchen essen (der, nebenher gesagt, ganz vortrefflich schmeckte und keinen Stein hatte), und durch meine vorausgesetzte Reise nach Erfurt* schien man mir einen Schlüssel dazu geben zu wollen, warum ich die Woche über nicht gebeten worden war. [...] Man wollte uns zum Mittagessen behalten, aber Knebel mußte nach der Stadt zurück, und ich begleitete ihn wieder zurück«, heißt es in den Erinnerungen an den alles in allem schließlich doch vergnügten Tag.

Wenige Kilometer von Weimar ilmabwärts empfängt den Besucher Tiefurts auch heute die Idylle pur. Das bescheidene, museal genutzte Schlößchen und der schöne englische Landschaftspark bilden für die unweit liegenden Baulichkeiten, wie die einstige Mühle des ehemals großherzoglichen Kammergutes von Tiefurt, nach wie vor eine fürstlich an-

Der Park von Tiefurt ist bis heute
ein Paradies für Spaziergänger

mutende Umgebung. Herzog Carl August hatte Tiefurt für die Hofhaltung seines jüngeren Bruders und dessen Erziehers ausgewählt. Den Grundstock dafür bildete das ehemalige Pächterhaus. Nachdem der herzogliche Bruder das Anwesen nicht mehr nutzte, verlegte Anna Amalia 1781 ihren Sommersitz von Schloß Ettersburg hierher. Sie scharte auch hier, wie außerhalb des Sommers in der Stadt, Persönlichkeiten Weimars und honorige Gäste von außerhalb um sich, pflegte Kunst und Literatur. Daran erinnern in dem weitläufigen Park die Anlegestelle an der Ilm (wo Goethes Singspiel »Die Fischerin« 1782 uraufgeführt wurde), das Mozart-Denkmal, der Musentempel, der Herder-Stein und der Teesalon. Der eindrucksvolle Park trägt die Handschrift Fürst Pücklers und seines Schülers Eduard Petzold.

*Schloß und Park Ettersburg bei Weimar*
*»Die Einsamkeit, scheint es, macht es allein noch nicht aus«*

An einem Ostertag vor 225 Jahren, es war der 6. April 1779, steht in Goethes Tagebuch: »Iph. gespielt. Gar gute Würckung davon besonders auf reine Menschen.« Aus Eintragungen davor und danach wissen wir, daß damals ein Wetter gewesen sein muß, wie nicht anders zu wünschen: »klar, rein, fröhlich«. Die Uraufführung von Goethes »Iphigenie auf Tauris« durch das Weimarer Liebhabertheater fand in einem Seitenflügel von Schloß Ettersburg statt. Das Stück wurde mehrfach an diesem Orte wiederholt, da Weimar seit dem Schloßbrand von 1774 keine feste Spielstätte und kein ständiges Ensemble mehr besaß. Auch andere Stücke erlebten im Schloß bzw. auf der nahe gelegenen Naturbühne ihre Premiere. Das Jahr 1776 – die Herzoginmutter Anna Amalia hatte gerade die Regentschaft an ihren Sohn Carl August abgegeben – markiert den Beginn der Glanzzeit von Schloß und Park Ettersburg. Nachdem sich die Herzoginmutter das aus einer vormaligen Klosteranlage hervorge-

Ein begeisterndes Ensemble bilden das Alte und das
Neue Schloß sowie die Kirche von Ettersburg

gangene Jagdschloß zum Sommersitz erkoren hatte, scharte sie in dieser Idylle viele berühmte Vertreter jener Epoche um sich, die wir heute die klassische nennen. Eine Buche gegenüber der Naturbühne, der sogenannten »Einsiedelei«, westlich vom Schloß ersetzte das Gästebuch. Noch 1840 entdeckte ein Besucher von Ettersburg folgende Namen in der Rinde: Goethe, Falk, Knebel, Wieland, Schiller, Bertuch, Lyncker, Einsiedel, Göchhausen. Im Herbst 1827, viereinhalb Jahre vor seinem Tod, führte Goethe seinen Sekretär Eckermann an die Stelle seines jugendlichen Draufgängertums und war erstaunt: »»Ich will Ihnen doch auch die Buche zeigen‹, sagte er, ›worin wir von funfzig Jahren unsere Namen geschnitten. Aber wie hat sich das verändert, und wie ist das alles herangewachsen! Das wäre denn der Baum! – Sie sehen, er ist noch in der vollesten Pracht! – Auch unsere Namen sind noch zu spüren; doch verquollen und verwachsen, daß sie kaum noch herauszubringen. [...] Was sonst nur niederes Gebüsch war, ist indes zu schattigen Bäumen herangewachsen, so daß man die prächtige Buche unserer Jugend kaum noch aus dem Dickicht herausfindet.‹« Heute läßt sich nur mehr ahnen, wo sie gestanden hat. Am Platz der vormaligen Einsiedelei hat man eine Miniausgabe jenes einstigen Bauwerks aufgestellt, in welchem die sommerliche Gesellschaft Kaffee und Tee zu sich nahm.«

Das ursprünglich als Dreiflügelanlage geschaffene, 1723 mit dem Corps de logis zur Südseite hin geschlossene Bauensemble Schloß Ettersburg steht bis auf das Büro eines Vereins, der Besucher informiert und führt, seit Jahrzehnten leer und harrt dringend seiner Sanierung. Allein ein Blick in den so genannten Weißen Saal läßt erahnen, von welch stilvoller Pracht das Interieur gewesen ist und wie einzigartig der Blick aus dem Schloß hinaus auf den hängigen Pückler-Schlag noch immer ist.

»Wir taten noch einen guten Trunk aus der goldenen Schale und fuhren dann noch um die nördliche Seite des Ettersberges herum nach dem Jagdschlosse Ettersburg.

Goethe ließ sämtliche Zimmer aufschließen, die mit heiteren Tapeten und Bildern behängt waren. In dem westlichen Eckzimmer des ersten Stockes sagte er mir, daß Schiller dort einige Zeit gewohnt.« Was Eckermann so korrekt festhielt, erlaubt uns heute, Schillers damalige Wohnung authentisch zu bestimmen.

Ist die gesamte Schloßanlage in ihrer Kubatur weitgehend unverändert, so ist es das Umfeld kaum noch. Einen plastischen Vergleich ermöglicht die zeitgenössische Beschreibung des damaligen Parks: »Stellen Sie sich einen Wald vor, durch welchen Gänge im Geschmack der englischen Parks gehauen sind. Bänke oder Baumstämme, zu Sitzen ausgehöhlt, winken überall den Wanderer in ihre Schattenplätze oder machen ihn aufmerksam auf schöne Aussichten. Folgt man den Gängen, so kommt man hier zu einem Bad, dort zu Teichen in Gebüschen; hier überrascht einen eine Laube von Gitterwerk, dort bleibt man vor einem Tisch von weißem Marmor in antikem Geschmack stehen.«

Ende März 1800 hatte Schiller eine neuerliche wochenlange Krankheit zwar noch nicht vollends überstanden, ging aber schon ins Freie und fing an, so jedenfalls teilte er Goethe Anfang Mai mit, sich nachgerade wie einen Gesunden zu betrachten. Er sah die Zeit gekommen, wie Goethe in die Einsamkeit zu gehen, um etwas zu schaffen – in diesem Falle die Fertigstellung der »Maria Stuart«. Das weimarische Schloß Ettersburg, wo er bloß mit seinem Bediensteten lebte, schien ihm dafür ein guter Ort. »Gestern habe ich Schauspieler hier gehabt [...]. Es ist aber nicht viel geschehen, die Zeit ist verschwatzt worden anstatt zu probieren«, klagte er zu Beginn seines Aufenthaltes, und seine Frau erfuhr, daß er noch nicht wieder richtig ins Geschäft gekommen sei: »[...] die Einsamkeit, scheint es, macht es allein noch nicht aus, ich habe zu Hause oft mich weit mehr sammeln können. Länger als 5 oder 6 Tage denke ich nicht mehr hier zu verweilen und freue mich wieder bey Dir zu sein, und die lieben Kinder zu sehen. Grüße sie herzlich, und befinde Dich nur immer fort so wohl. Mir ist es hier auch ziemlich wohl gewesen und geschlafen habe ich immer ordentlich. Adieu liebes Herz.« Als er nach Weimar zurückkehrte, hatte er die fertige »Maria Stuart« in der Tasche und begann sogleich mit den Proben auf dem Theater. Am 14. Juni war Uraufführung »mit einem Sukzeß, wie ich ihn nur wünschen konnte«.

### Schloß und Park Weimar-Belvedere
### Schillers »Lieblingsspaziergang«

»Donnerstag nach Belvedere, / Freitag geht's nach Jena fort: / Denn das ist, bei meiner Ehre, / Doch ein allerliebster Ort! / Samstag ist's, worauf wir zielen, / Sonntag rutscht man auf das Land; / Zwäzen, Burgau, Schneidemühlen / Sind uns alle wohlbekannt.« »Die Lustigen von Weimar« nannte Goethe dieses 1813 entstandene Gedicht.

Südlich von Weimar erhebt sich auf einer Anhöhe, umgeben von einer 44 Hektar großen Parkanlage, die nach französischem Vorbild entstandene repräsentative Sommerresidenz Belvedere mit dem Schloß im Schnittpunkt eines Systems sternförmig ausstrahlender Achsen und Alleen. Zwischen 1728 und 1748 unter Herzog Ernst August geschaffen, begeistert die Besucher heute neben dem museal genutzten Schloß und den von Musikschülern hörbar belebten Kavaliershäusern auch die hufeisenförmige Orangerie, die sich zu Zeiten Goethes zum Botanischen Garten mit ungefähr 7900 in- und ausländischen Pflanzenarten entwickelte. Als Reminiszenz an eine ebensolche Anlage der russischen Zarenfamilie nahe St. Petersburg ließ Carl Friedrich für seine Gattin Maria Pawlowna 1811 einen »Russischen Garten« gestalten.

Der Weg aus Weimars Mitte nach Belvedere war für Schiller ein »Lieblingsspaziergang«. Zuweilen führten ihn aber auch Gesellschaften oder andere Verpflichtungen in die

Die Orangerie von Belvedere ist einer der Höhepunkte
auf dem Weg durch die herrliche Anlage
vor den Toren Weimars

Sommerresidenz. »Sind wir in Weimar gewesen«, steht in Schillers Kalender unter dem 8. Juni 1799, und aus anderer Quelle erschließt sich, daß er »Mittags mit Goethe bei einer Gesellschaft von Loder [Medizinprofessor in Jena] im Belvedere« gewesen ist.

Das Ursulinenkloster auf dem Anger

Die 742 erstmals urkundlich erwähnte Landeshauptstadt Thüringens ist auf Grund ihrer günstigen geographischen Lage in der Mitte Deutschlands seit dem Mittelalter das politische, wirtschaftliche, kulturelle und kirchliche Zentrum der Region. Hier kreuzten sich für den europaweiten Handel wichtige, für Kutschen wie Fuhrwerke einigermaßen befahrbare Straßen. In der Erfurt berührenden Bundesautobahn 4, in gut ausgebauten Zubringerstraßen, in einem modernen Verkehrsring um Erfurt und im ICE-Bahnhof fand und findet diese vorteilhafte Lage ihre zeitgemäße Ausgestaltung. Martin Luther, der in Erfurt als Student, Dozent und Mönch lebensprägende Jahre verbrachte, empfand die Stadt »am besten Orte liegend« und einer »Schmergrube« gleich. Handel, Handwerk, Gewerbe, Industrie und Gartenbau auf der einen sowie ein zeitweise europaweit maßstabsetzendes geistiges und kulturelles Klima auf der anderen Seite bescherten Erfurt Wohlstand, Ansehen und Berühmtheit. Dies spiegelt sich auch in den Bauten vergangener Epochen wieder. Die in ihrer Grundstruktur nahezu vollkommen erhaltene Altstadt ist ein Flächendenkmal, dessen heutiger Zustand vorbehaltlos bewundert wird und den Gedanken aufkommen läßt, daß das historische Zentrum reif sei für eine Aufnahme in die Weltkulturerbe-Liste der UNESCO.

Aus dem einzigartigen mittelalterlichen Altstadtensemble ragen Sehenswürdigkeiten im wahrsten Sinne des Wortes heraus. Der Dom St. Marien mit der berühmten Glocke »Gloriosa« und die neben ihm emporstrebende Kirche St. Severi sind das Wahrzeichen der Stadt an der Gera. Auf dem benachbarten Petersberg – auch zweite Stadtkrone genannt – steht man auf dem Grund von Erfurts erster steinzeitlicher Siedlung, einem Gelände, das die Herrschenden späterer Epochen als vorzüglich geeigneten Ort für eine Pfalz oder einen Reichstag auswählten. Über die Zeiten entstanden hier ein Kloster und eine Festung. Letztere ist mit freundlicher Dominanz in das städtische Bewußtsein zurückgekehrt und bietet eine umfassende Aussicht auf das von Goethe zum »thüringischen Rom« erhobene »turmreiche Erfurt«.

Wie von einem Balkon im 10. Stockwerk schaut man auf die zu Füßen sich ausbreitende Erfurter Innenstadt. Mit dem Domplatz, der Marktstraße, der Krämerbrücke, dem historischen Viertel der vor einem Jahrzehnt wiedergegründeten Universität (an der einst auch Christoph Martin Wieland lehrte), der Langen Brücke, wo Schiller wohnte, dem Augustinerkloster, dem Rathaus und immer wieder auch den Kirchtürmen, denen die Gotteshäuser zum Teil abhanden gekommen sind, schiebt sich eine Fülle bemerkenswerter Baulichkeiten ins Bild. In bezug auf eine Stadt, die seit tausend Jahren ungewöhnlich viele bedeutende Persönlichkeiten in ihren Mauern sah, könnte sich der welterfahrene Schriftsteller Arnold Zweig zum Sprecher aller machen, denen Erfurt bis zu ihrer ersten persönlichen Begegnung eine Unbekannte geblieben war. Im Jahre 1925, nach einem Streifzug durch die Stadt, notierte er: »Was mich dort erwartete, blieb mir für Jahrzehnte unvergeßlich. Da führten Brücken, bebaut wie die von Florenz und Venedig, über einen Fluß, dessen Name [Gera] mir bislang nichts bedeutet hatte. Wo bin ich denn? fragte ich mich. Der Atem stockte einem, an welchem der großen Portale man immer den Blick erhob zur Wölbung der gemauerten Bögen oder der Gestaltenfülle, die den Eintretenden umgab.« Persönlicher fiel das publik gemachte Resümee des im benachbarten Weimar* lebenden Goethe aus. Seine jahrzehntelange enge Bindung an Erfurt war zwar vor allem, aber nicht nur dienstlicher Natur, wie die folgenden Verse des 65jährigen verraten: »Sollt' einmal durch Erfurt fahren, / Das ich sonst so oft durchschritten / Und ich schien, nach all den Jahren, / Wohlempfangen, wohlgelitten. / Wenn, mich Alten, alte Frauen / Aus der Bude froh gegrüßet, / Glaubt' ich Jugendzeit zu schauen, / Die einander wir versüßet.«

Auch Friedrich Schiller bedeutete Erfurt viel. Aufs Private angesehen, war Erfurt für ihn der Ort, in welchem sich das Verhältnis zu seiner Verlobten und künftigen Ehefrau Charlotte von Lengefeld festigte, die hier oft bei der Freundin Karoline von Dacheröden weilte. Hinzu kamen ertragreiche Männerfreundschaften und Begegnungen. Doch lange schon bevor Schiller Erfurt 1787 zum erstenmal persönlich besuchte, ließ ihn eine mit dem Kürzel »e« unterzeichnete Rezension der »Erfurtischen Gelehrten Zeitung« aufhorchen. In der Ausgabe vom 24. Juli 1781 besprach der junge Schriftsteller und Mitarbeiter des Blattes, Christian Friedrich Timme, als erster in Deutschland überhaupt Schillers soeben anonym erschienene »Räuber«. In die Hand bekommen hatte er das noch druckfrische Schauspiel von dem Kurmainzischen Statthalter in Erfurt, Karl Theodor Freiherr von Dalberg, der es wiederum von seinem Bruder Wolfgang Heribert, dem Intendanten des Theaters Mannheim*, erhalten hatte. Die vom hiesigen Dalberg veranlaßte Besprechung war für Schillers weitere Arbeit ebenso folgenreich wie die sich entwickelnde Beziehung zu ihm selbst. Trotz aller politischen Wirren und der damit einhergehenden unerfüllten Hoffnungen auf seiten Schillers sollte die freundschaftliche Beziehung ein Leben lang halten. Dem Mainzer Koadjutor auf dem Erfurter Regierungssessel begegnete Schiller erstmals, wenn auch nur flüchtig, Anfang Dezember 1789 in Jena* während einer großen Gesellschaft, die der Weimarer Herzog Carl August im Beisein Goethes gab. Etwa ein Jahr davor hatte Schillers Freund Ludwig Ferdinand Huber den Dichter bereits gedrängt, den Kontakt zu Dalberg zu suchen.

Was war so Besonderes an dem Mann, dem die Erfurter unter allen Statthaltern vor ihm den unbedingten Vorzug gaben, der als aufklärerischer Weltmann und Politiker in den Weimarer Kreisen verkehrte und als Förderer und Mäzen der dortigen Genies galt? Lassen wir zunächst, noch vor Schiller, den 30jährigen Goethe von seiner Erfahrung mit Dalberg reden: »Wir haben schon was rechts geschwäzzt, für mich ist sein Umgang von viel Nuzzen. Durch die Erzählungen aus seinem manigfaltigen politischen Treiben, hebt er meinen Geist. […] Er hat eine treffliche Gewandtheit in bürgerlichen und Politischen Dingen, und eine beneidenswerthe Leichtigkeit. Wir haben gekannegiesert und gegörzt, und aus allem was ich von den vier Enden der Erde höre, zieh ich immer meine eigene Nuzzanwendung.« Ohne sich seinen alsbaldigen Förderer geneigt machen zu wollen, hielt auch Schiller den Statthalter für einen »überaus interessanten Menschen«, mit dem man einen »herrlichen Ideenwechsel« haben kann. »Er hat meinen Geist entzündet und ich, wie mir vorkam, auch den seinigen.« So soll der Anstoß zum Schreiben des »Wallenstein« von Dalberg gekommen sein. Ein Brief an Körner, geschrieben im Januar 1791 in Jena\*, scheint dies zu bestätigen. Danach regte sich seit Schillers letzter Erfurt-Reise (zehn Tage über den Jahreswechsel 1790/91) »wieder der Plan zu einem Trauerspiele in meinem Kopfe, und ich habe einen Gegenstand für abgerissene poetische Momente. Lange habe ich nach einem Sujet gesucht, das begeisternd für mich wäre, endlich hat sich eins gefunden, und zwar ein historisches.«

Nicht mehr als eine Vermutung ist es allerdings, daß es dem Zureden Dalbergs zu verdanken sei, daß sich Schiller beruflich nicht der Geschichte zuwandte, sondern überhaupt bei der Schriftstellerei blieb. Den Hintergrund für eine solche Annahme bilden briefliche Antworten des Politikers auf Schillers Frage, für welches Fach er sich entscheiden solle. Heißt es darin einmal zunächst diplomatisch, »ich wage es nicht zu bestimmen, was Schillers umfassender, allbelebender Genius unternehmen soll«, so äußert sich der Absender, von Schiller dazu gedrängt, ein andermal klar und deutlich: »Der aufmerkende, prüfende, sammelnde Forschungsgeist ist Element des Geschichtsschreibers; der Genius höchst lebender Darstellung Element des dramatischen Dichters. [...] Schiller vereinigt beides, Bildungskraft und das schätzbare Ausdauern des Fleißes. Doch wünsche ich, daß er in ganzer Fülle dasjenige leiste, wirke, was er nur leisten kann, und das ist Drama.«

Goethe war Menschenkenner genug, um nicht die Schwachstellen des gelobten Dalberg wahrzunehmen, der auch »kein rechtes Kind dieser Welt, und so klug und brav seine Plane sind, fürcht ich doch es geht einer nach dem andern zu scheitern«. Vielmehr war es wohl Schiller, der eine Zeitlang darüber hinwegsehen wollte und selbst dann kaum hellhörig wurde, wenn Dalberg gewisse Pläne und Träume vorsorglich einschränkte mit dem von Frau von Wolzogen überlieferten Satz: »Kinder, denkt euch das ja nicht als etwas Gewisses; mancher Sturm kann das alles umstürzen.« Was mit »das alles« gemeint war, lesen wir beim frischvermählten Schiller in einem Brief aus Jena an Freund Körner in Dresden*: »Jetzt darf nur noch eine Veränderung geschehen, so habe ich nichts von außen mehr zu wünschen. Von dem Koadjutor kann ich alles hoffen. Er hat sich von freien Stücken gegen mich über den bewußten Punkt herausgelassen und mir in bestimmten Worten gesagt, daß er darauf zähle, mich in Mainz [wo Dalberg den Kurfürsten zu beerben hoffte] um sich zu haben und mir eine Existenz, wie sie für mich gehöre, dort zu verschaffen; er wüßte auch nicht, setzte er hinzu, wozu den Fürsten ihre Hilfsmittel nützten, wenn sie sie nicht dazu gebrauchten, vortreffliche Menschen um sich zu versammeln.« Auch wenn die von Schiller gewünschte »eine Veränderung« nicht eintrat, verdankte er Dalberg, solange dieser Statthalter in Erfurt war und auch darüber hinaus, viel Ideelles und wohltuend Materielles.

»Den Tag darauf machte ich mir eine Zerstreuung und fuhr nach Erfurt, weil ich dort im Stift etwas von Arnims zu übergeben hatte und versprochen hatte, es selbst zu tun. Ich habe noch nie ein Frauenkloster gesehen und wollte es bei dieser Gelegenheit. […] Ich hatte anfangs eine Unterredung vor dem Gitter, dann wurde mir aufgeschlossen und ich wurde im Kloster – nur nicht in den Schlafzellen – herumgeführt. Ich ließ mir die Einrichtung und Lebensart erzählen und fand es wahr, was man von den Nonnen sagt, daß sie die höchste Zufriedenheit mit ihrem Zustand heucheln. Es waren lauter fröhliche Gesichter, aber freilich der verdrehten Augen genug.« Die »Mannsperson« Schiller war 28 Jahre, als er, von Weimar herüberkommend, diesen Auftrag im Sommer 1787 erledigte.

Das Kloster befindet sich auf dem Erfurter Anger, dem pulsierenden Zentrum der Stadt. Was auch immer auf diesem Areal, das heute der alte und der neue Angerbrunnen begrenzen, geschah und geschieht: ruhig und beschaulich ging es hier kaum je zu. Und doch muß, wer das Gegenstück zu all dieser Geschäftigkeit sucht, nur eine kleine Pforte öffnen oder eine große Tordurchfahrt hinter sich lassen und steht vor dem Kloster, in dem seit nunmehr 335 Jahren die Ursulinen wirken. Fürstbischof Johann Philipp von Schönborn hatte die ersten Schwestern aus Frankreich geholt und ihnen das bis dahin von den Magdalenerinnen genutzte Kloster als Stiftung übergeben. Er beauftragte sie, fortan für Bildung und Erziehung der Mädchen zu sorgen. Dies blieb, von historisch kurzen Unterbrechungen abgesehen, die vorrangige Aufgabe des Ordens. Viele Frauengenerationen sind in der Schule und dem Pensionat des Klosters sowie in der städtischen Externenschule für Mädchen erzogen worden. Seit 1868 ist dem Kloster ein Kindergarten und seit 1912 ein Hort angeschlossen. Zudem haben in der letzten Hälfte des vorigen Jahrhunderts über 900 junge Frauen im Diözesenseminar für Seelsorgehilfe und Caritas ihren Beruf als Erzieherin erlernt. Mit Stolz verweist die derzeitige Oberin, Schwester Katharina Wenselowski, auf diese Geschichte: »Seit mehr als 860 Jahren ist dieser Ort von katholischen Ordensfrauen bewohnt. Die Reformation änderte daran ebensowenig wie der Dreißigjährige Krieg oder die Klostergesetze von 1875. Auch alle, die danach unsere Bildungs- und Erziehungstätigkeit zu verhindern suchten, überließen das Kloster dennoch seiner tiefsten Bedeutung: dem Leben der Schwestern als Zeichen, daß es Gott und den Glauben an ihn gibt, und dem Gebet für Kirche und Welt.« Gegenwärtig leben 19 Schwestern zwischen 27 und 80 Jahren in dem Kloster, das mehr und mehr ein Anlaufpunkt ist für Menschen in krisenhaften Lebenssituationen, die Rat, das Gespräch oder auch nur Ruhe zur Selbstfindung suchen. »Kirche in der City« lautet ein Spruch, den die Schwestern seit geraumer Zeit auf vielfältige Weise praktizieren. Regelmäßig reichen sie Bedürftigen ein Frühstück und sehen sich damit im Bunde mit der heiligen Elisabeth, die mit großer Wahrscheinlichkeit als Gast in dem Kloster weilte.

Nachdem der Vorgängerbau abgebrannt war, wurden zwischen dem 13. und 15. Jahrhundert die heutige Klosterkirche und das zweigeschossige, in seinem Kern spätgotische Torhaus am Anger errichtet. Diesen Teilen des Klosters und dem in Details noch aus dem 12. Jahrhundert stammenden Konventgebäude folgte im 17. Jahrhundert die gestreckte Klausur südlich der Kirche mit ihrem kleinen, begrünten Innenhof. Bis ins 19. Jahrhundert entstanden weitere um den großen Klosterhof gruppierte schlichte Putzbauten.

Vom Anger aus ist Schiller möglicherweise in Richtung Fischmarkt gegangen, wo ein Vorgänger des heutigen Rathauses stand. Auf dem Platz befand sich auch der »Redoutensaal« (im heutigen »Ratskeller«), in welchem er manches Konzert besuchte, aber auch einen so schweren Krankheitsanfall erlitt, daß er in einer Sänfte nach Hause getragen werden mußte. Vom Fischmarkt kann ihn sein Weg zum Domplatz geführt haben, der damals noch bebaut war – seine jetzige erstaunlich große Freifläche hat er erst seit dem Beschuß des Petersberges in den Kämpfen von 1813. Zum Abschluß seines »Zerstreuungstages« wird er im nahe gelegenen Gasthof »Zum Schlehndorn« (Lange Brücke 29, heute Varieté) eingekehrt sein, in dem er früh abgestiegen war. In einem Brief erfuhr Körner, daß Schiller sich in dem Gasthof – trotz oder wegen einer Indiskretion seiner Bediensteten? – sehr wohl gefühlt haben muß. Es hatte sich nämlich herumgesprochen, wer der Gast war, und so sammelte sich »ein Haufe vor dem dortigen Privattheater, mich zu sehen. Keiner aber getraute sich, mich anzureden, und ich erfuhr's erst, was es war, wie ich in den Wagen stieg. In keinem Gasthof bin ich so fröhlich bedient und so christlich behandelt worden.«

*»Haus zum Bürgerstreit« (Lange Brücke 36)*
*Nachkur-Wohnung des Ehepaars Schiller*

Das Jahr 1791 – Schillers verbrachten den Jahreswechsel in Erfurt – begann nicht gut. Mit ihm datiert man den Beginn jener Krankheit, die 1805 zu Schillers Tod führte: Akute Lungenentzündung mit weit fortgeschrittener eitriger Zerstörung der linken Lunge, Entartung der Herzmuskulatur und Darmverengung wird Sektionsarzt Dr. Huschke als Todesursache feststellen. Bemerkungen über Fieber, Beklemmungen, Blutspucken, Husten, Schmerzen auf der Brust, Magenprobleme, Aderlässe gegen Atemnot, Ohnmachts- und Erstickungsanfälle usw. finden sich seither in diversen Kalendern, Tagebüchern und Briefen. Im Mai 1791 nahmen die Anfälle lebensbedrohliche Formen an, und Schiller, der nicht mehr in der Lage war zu sprechen, verabschiedete sich schon schriftlich von den Seinen. Gerüchte von seinem Tod machten die Runde. Sie erreichten Ende

Juni auch Dänemark, wo ein Freundeskreis des Dichtes eine geplante Jubelfeier zu einem Totenfest umwandelte. (Den wahren Sachverhalt der schweren Erkrankung erfuhren die Herren in Kopenhagen erst später. Sie münzten ihre Anteilnahme um in ein auf drei Jahre ausgesetztes jährliches Geldgeschenk in Höhe von 1000 Talern zur Erhaltung der Gesundheit ihres Idols.)

Der Frühling brachte endlich die erhoffte fortschreitende Genesung. Jetzt heißt es »wieder außer Bette« oder »erstmals wieder im Garten«. Der Zustand besserte sich so weit, daß Schiller in Begleitung seiner Frau und eines Arztes Anfang Juli zur Kur nach Karlsbad aufbrechen konnte, wo er bis zum 6. August blieb. Die empfohlene Nachkur absolvierte er von Mitte August bis Ende September in Erfurt. Am 1. Oktober verließ er das »Haus zum Bürgerstreit«, wo er fast sieben Wochen gewohnt hatte, »gesünder, als ich hergekommen«, und kehrte nach Jena zurück.

Ursprünglich hatte Schiller hier schon viel früher Quartier beziehen wollen. Angetan von dem sich anbahnenden Gedankenaustausch mit Dalberg, bat er dessen Vertrauten, den Professor der Geschichte an der Erfurter Universität, Jakob Dominikus, ihm für zwei bis drei Monate eine passende Wohnung von einigen Zimmern und etwa drei Kammern in einem Erfurter Privathaus zu besorgen. Diese sollte nicht allzuweit von der Hofstatt (Statthalterei) entfernt sein, monatlich nicht mehr als sieben bis acht Taler kosten und ruhiger sein, als es ein Gasthof je sein könnte. Die Wohnung wurde im »Haus zum Bürgerstreit« (Gedenktafel) an der Langen Brücke (damals »Plänchen«) gefunden. Von hier aus sind es tatsächlich nur wenige Schritte zur Statthalterei (heute Thüringer Staatskanzlei), so daß Schiller ganz bequem »die Abende bei dem immer gleich freundschaftlichen und tätig teilnehmenden Dalberg« zubringen konnte, wobei vieles, besonders aber der »Wallenstein« zur Sprache kam, wie wir u. a. aus den Aufzeichnungen von Caroline von Wolzogen wissen.

Ballhaus, Universitäts-Ballhaus, Comödie, Comödienhaus, Schauspielhaus, Stadttheater, Kongreßsäle, Kaisersaal – kein anderes öffentliches Gebäude in Erfurt wechselte so oft seinen Namen und auch seine Nutzung wie dieses. Rauschende Ballnächte finden hier heute ebenso statt wie Konzerte und Tagungen. Nur Theater steht nicht auf dem Spielplan des nach der Wende sanierten prächtigen Hauses. Zu unterschätzen aber ist deshalb diese Tradition nicht. Im Herbst 1782 machte das »Erfurtische Intelligenzblatt« bekannt, daß in diesem Hause künftig zweimal wöchentlich Theater gespielt und am 5. November, ein Dreivierteljahr nach der Uraufführung in Mannheim, Schillers Trauerspiel »Die Räuber« geboten werde. Der Erfolg war groß. Ob unter den Zuschauern auch Christian Friedrich Timme (1752–1788), der erste »Räuber«-Rezensent, war? Nach der Lektüre des Stücks hat er schon vor Monaten in der »Erfurtischen Gelehrten Zeitung« eine begeisterte Besprechung veröffentlicht, die in dem prophetischen Satz gipfelte: »Haben wir je einen teutschen Shakespeare zu erwarten, so ist es dieser!« Offenbar ein Kenner des gängigen Repertoires, wußte Timme zu vergleichen. Für ihn waren »Die Räuber« eine »Erscheinung, die sich unter der unübersehbaren Menge ähnlicher Sächelchen gar sehr auszeichnet und wahrscheinlich noch fortdauern wird, wenn jene in ihr Nichts wieder zurückgegangen sind, noch ehe sie anfingen, recht zu leben«. Für sein Urteil hatte er gute Gründe, allen voran die »volle, blühende Sprache«. Was er hervorhob, waren »Feuer im Ausdruck, rascher Ideengang, kühne, fortreißende Phantasie, poetische Deklamation und eine Neigung, nicht gern einen glänzenden Gedanken zu unterdrücken; alles das charakterisiert den Verfasser als einen jungen Mann, der bei einem raschen Kreislauf des Bluts und einer fortreißenden Einbildungskraft ein warmes Herz voll

Gefühl und Drang für die gute Sache hat«. Dabei ließ er es an Kritik und auch an Ratschlägen für den ihm damals noch unbekannten Dichter nicht fehlen, der die Bemerkung kunstverständiger Freunde nutzen möge, und legte ihm nahe, »bei allem Studio Shakespeares, weniger den Götz als Lessings Werk zu studieren, da das Feuer seines Genies ohnehin mehr des Zügels als der Sporen bedürfe«. Schiller reagierte offenbar und übermittelte Dalberg in Mannheim, der die »Räuber« auf die Bühne bringen wollte, Anfang Oktober 1781 eine »nach dem vollkommenen Sinn meines Erfurter Rezensenten« überarbeitete Fassung.

Im heutigen Kaisersaal erlebte Schiller während seiner Nachkur am 25. September eine auf Wunsch von Dalberg anberaumte Aufführung des »Don Carlos« durch Schauspieler des Weimarer Theaters, die hier (wie auch Goethe) öfter zu Gast waren.

*»Haus zum Güldenen Hecht« und »Zum großen und neuen Schiff« (heute Haus Dacheröden), Anger 37/38 Wo sich nicht nur die Verliebten begegneten*

Das in seiner Substanz aus dem 16. Jahrhundert stammende, mit einem verbindenden Erker und prachtvollen Renaissance-Portal ausgestattete einstige Doppelhaus hatte viele Besitzer. Zunächst waren es sogenannte Biereigen, später Waidhändler, da der Anger auch der »Gewöhnliche Weydmarkt« war (Waid ist eine gelbblühende Pflanze, aus der bis zur Einfuhr des billigeren Indigo ein Blaufärbemittel hergestellt wurde). Mit dem Ende der Ära des Erfurter »Blauen Goldes« vollzog sich auch ein Wechsel in der Bewohnerschaft des stattlichen Gebäudes am südlichen Anger. Fortan dominierten Besitzer, die sich durch berufliche Nähe oder gar direkte Anstellung bei der kurmainzischen Statthalterschaft auszeichneten, deren Hauptsitz (die heutige Thüringer Staatskanzlei) nur ein, zwei Gehminuten vom Haus

Dacheröden entfernt steht. Trotz Prunks strahlt das dreigeschossige Haus eine einladende Schlichtheit aus. Eine Gedenktafel an der Fassade des heute kulturell genutzten städtischen Gebäudes weist darauf hin, daß hier Goethe und
Schiller regelmäßig ein und aus gingen und sich hier Wilhelm von Humboldt mit Karoline von Dacheröden vermählte.

Die Dacherödens waren ein thüringisches Geschlecht.
Karl Friedrich von Dacheröden (1732–1809) hatte Kame-
ralwissenschaften und Jura studiert, wurde Staatsdiener und
war als solcher in Minden angestellt. Nachdem er dort bereits mit 39 Jahren seinen Dienst quittiert hatte, zog die Familie in die Nähe ihrer Güter und Verwandten nach Erfurt.
Im Gepäck hatte der Frühpensionär ein Manuskript mit dem
Titel »Magazin der Regierungskunst, der Staats- und Land-
wirtschaft«, das 1775 erschien und dem weitere Bände folgten. Sein Inhalt wird auch die Aufmerksamkeit des um einige
Jahre jüngeren Statthalters Dalberg gefunden haben. Wie ak-
tuell lesen sich Passagen daraus noch heute, über 200 Jahre
später, etwa zum Thema Ehe und Familienpolitik: »Sodann
muß eine weise Regierung ihr Augenmerk darauf nehmen,
daß der ehelose Stand von den Untertanen weder für be-
quemer, noch für vorzüglicher angesehen werde, als der Ehe-
stand, in dem die Wohlfahrt des Staates erfordert, allemal
diesem Letzteren große Vorzüge zuzugestehen.«

Der von Zeitgenossen als sehr vermögend, vornehm, lie-
benswürdig und gebildet geschilderte Dacheröden wurde
für mehrere Jahrzehnte der Chef von Erfurts »Akademie
gemeinnütziger Wissenschaften«, der bald auch Schiller an-
gehörte. »Man hat mir auf Veranstaltung des Koadjutors in
Erfurt die Ehre angetan, mich zu einem Mitglied der kurmainzischen Akademie nützlicher Wissenschaften aufzu-
nehmen. Nützlicher! Du siehst, daß ich es schon weit gebracht habe«, kommentierte er Körner gegenüber ironisch
die Aufnahme in das Gremium. Doch Dacheröden wurde
noch mehr, er wurde Dalbergs vertrautester Freund und

führte ein offenes Haus. Kein Fremder von Rang und Bildung, so hieß es, habe Erfurt verlassen, ohne dem alten Herrn Dacheröden auf dem Anger seine Aufwartung gemacht zu haben.

Der strahlende Stern des Hauses war die 1766 geborene Tochter Karoline, die gewiß nicht nur von Schiller als »unvergleichliches Geschöpf« wahrgenommen wurde. Diese junge Frau war eng befreundet mit den Schwestern Lengefeld, die oft ihre Gäste waren. Was sie tun konnte, daß Schiller und Charlotte von Lengefeld ein Paar wurden, hat sie gewiß getan. Vor allem galt es, Mutter Lengefeld von dem künftigen Bräutigam zu überzeugen. Er war nicht von Adel, hatte keine gesicherten Einkünfte, verstand sich auf gute Weine, Tabak, Kleidung und »gewisse Ehrenausgaben«, die er in seiner Lage nicht ganz vermeiden könne. Der Coup gelang. Aus dem Hause Dacheröden soll die Mutter Mitte Dezember 1789 von der zunächst geheimgehaltenen Verlobung ihrer Tochter erfahren haben. Von hier ging übrigens auch die Kutsche ab, mit der man am 22. Februar des folgenden Jahres zur Vermählung nach Wenigenjena* fuhr.

*Ehemalige Kurmainzische Statthalterei, Regierungsstraße 73*
*Schiller als Gast Dalbergs, der »Assembleen« und*
*preußischer Offiziere*

Die ehemalige Statthalterei ist eines der schönsten und repräsentativsten Gebäude in Erfurt und zweifellos ein Schmuckstück unter den Staatskanzleien der deutschen Länder. Seit März 1995 ist das Barockbauwerk Amtssitz des Thüringer Ministerpräsidenten. Das aus ursprünglich drei Häusern bestehende, über die Jahrhunderte wiederholt (zuletzt 1713 bis 1722) umgebaute Gebäude wechselte seine Bestimmung mehrmals. Es war nicht nur Residenz der Statthalter, sondern diente auch Kaiser Napoleon nach der Schlacht von Jena-Auerstedt im Jahre 1806 als »kaiserliche

In der vormaligen Statthalterei erlebte Schiller
wie auch Goethe manch gute Stunde

Domäne«. Nachdem Goethe einer ersten Einladung Napo-
leons zu einer Audienz aus gesundheitlichen Gründen aus
dem Weg gegangen war, fand die für ihn »bedeutendste Begegnung« seines Lebens hier am 2. Oktober 1808 statt. Nach
dem Gespräch bekam er die hohe Ehrung »Ritter der Fran-
zösischen Ehrenlegion« überreicht.

Der repräsentative Festsaal des Bauensembles war zu Dalbergs Zeiten der Ort sogenannter »Assembleen«. Diese Gesellschaften sollen jedermann offengestanden haben, Haupt-
sache war, man kam sauber und in einem ordentlichen Anzug.
Goethe und Schiller waren auch dabei öfter anwesend. Im
Mai des Jahres 1803 hat Schiller in dem Saal einen lustigen
Tag erlebt, wie er Körner schrieb. Die preußischen Offiziere
(Erfurt war zwischen 1802 und 1806 preußisch) der Stadt
hatten ihn zu einem Fest eingeladen. »Es hat mir großen Spaß
gemacht, mich mitten in einem großen Militär zu finden;
denn es waren gegen 100 Offiziere beisammen, wovon mir
besonders die alten gedienten Majors und Obersten interessant waren.« Es war Schillers letzter Aufenthalt in Erfurt.

Denkmal für Friedrich Schiller
vor dem einstigen Theater auf dem Gendarmenmarkt

Berlin spielte in den Gedanken Schillers von Jugend an eine Rolle. Einmal, noch während seiner Flucht aus Stuttgart*, schrieb er in einem Brief an die Schwester von einer »Reise nach Berlin wo es mir in mehr als einem Fach nicht fehlschlagen kann, wo, nach dem einstimmigen Urteil aller Menschen, denen ich meine Umstände vorlegte, mein Glück aufgehoben sein muß«. Das war ein Traum, der die besorgte Schwester und die Eltern beruhigen sollte. Erfrischend unverblümt äußerte er sich 1788 gegenüber seiner späteren Frau über einen Bericht, der ihm von einer Berliner Aufführung des »Carlos« zu Ohren gekommen war: Das Stück sei »auf Befehl des alten Schweins [gemeint ist der preußische König Friedrich Wilhelm II.] mit vielem Pomp schlecht gegeben worden [...]. Die Scene des Marquis mit dem König soll gut gespielt worden, und Seiner Majestät dem dikken Schwein sehr ans Herz gegangen seyn. Ich erwarte nun alle Tage auf eine Vocation nach Berlin, um Herzbergs Stelle [Ewald Friedrich Hertzberg war preußischer Staats- und Kabinettsminister in Berlin] zu übernehmen und den preußischen Staat zu regieren.«

Doch erst im Jahre 1804 besuchte Schiller tatsächlich Berlin – zum ersten und einzigen Mal. Dieser knapp drei Wochen währende Ausflug wurde seine letzte Reise. Sie »war ein Einfall, der ebenso schnell ausgeführt wurde, als er entstand«. Kurz entschlossen verließ er am 26. April 1804, zusammen mit seiner im im siebenten Monat schwangeren Frau Charlotte und den beiden Söhnen Karl und Ernst, Weimar*. Die Route führte über Leipzig*, Wittenberg und Potsdam nach Berlin, wo die Familie am Mittag des 1. Mai eintraf. Nachdem sich die Reisenden von der strapaziösen Kutschenfahrt einen Tag lang erholt hatten, währenddessen von der lokalen Presse, wie damals üblich, unter der Rubrik »Gäste« »Den 2. Mai Hr. v. Schiller, Hofrat aus Weimar« gemeldet worden war, konnte von einem ruhigen Aufenthalt in Preußens Hauptstadt nicht mehr die Rede sein. Der Kalender des berühmten Gastes war mit Besuchsterminen dicht gefüllt: bei Hagens (Freunde von Charlotte) zu Mittag; bei Ifflands zu Mittag; beim Prinzen Ludwig Ferdinand gegessen; soupiert bei Hufeland; bei der Königin – heißt es dort. Schiller führte Gesprächen mit dem Theaterintendanten und Schauspieler August Wilhelm Iffland, dem Mediziner Christoph Wilhelm Hufeland, den Schriftstellern Joseph Stoll, August Ferdinand Bernhardi und Johann Benjamin Erhard sowie dem Komponisten und Direktor der aus der Liedertafel hervorgegangenen Singakademie, dem Goethe-Freund Karl Friedrich Zelter. Die Abende waren zumeist dem Besuch von Theateraufführungen und Konzerten vorbehalten, wobei diversen Zeitungsberichten zufolge dem Dichter in seiner Loge lang und kräftig zugejubelt wurde. Im Kalender sind notiert: Zauberflöte, Braut von Messina, Jungfrau von Orleans, Oper Iphigenia, Wallenstein.

Unter Donnerstag, dem 17. Mai dann der Vermerk, der auf den eigentlichen Grund der Reise verweist: »Reisten wir nach Potsdam ab. Mittags bei Beume. Abends in der Comödie Fanchon. Nachts bei Maßenbach.« Das Mittagessen beim preußischen Kabinettsrat Karl Friedrich Beyme, dem ein Frühstück mit dem preußischen Königspaar auf Schloß Potsdam-Sanssouci vorausgegangen war, galt bereits detaillierten Verhandlungen über eine mögliche Übersiedlung Schillers. Weimar zu verlassen, hatte er schon länger erwogen. In diesem Sinne hatte er sich im März 1804 seinem Schwager Wilhelm von Wolzogen anvertraut: »Auch ich verliere hier zuweilen die Geduld, es gefällt mir hier mit jedem Tage schlechter, und ich bin nicht willens, in Weimar zu sterben. Nur in der Wahl des Orts, wo ich mich hinbegeben will, kann ich mit mir noch nicht einig werden. […] Es ist überall besser als hier, und wenn es meine Gesundheit erlaubte, so würde ich mit Freuden nach dem Norden ziehn.« Drei Monate später, das Erlebnis Berlin lag bereits hinter ihm, schrieb Schiller an denselben Adressaten: »Besonders viel habe ich dort nicht gefunden, aber einige Monate im Jahr dort zuzubringen, würde mir angenehm und nützlich sein. Ich habe ein Bedürfnis gefühlt, mich in einer fremden und großen Stadt zu bewegen. Einmal ist es ja meine Bestimmung, für eine größere Welt zu schreiben, meine dramatischen Arbeiten sollen auf sie wirken, und ich sehe mich hier in so engen, kleinen Verhältnissen, daß es ein Wunder ist, wie ich nur einigermaßen etwas leisten kann, das für die größere Welt ist.«

In Weimar wußte bis zu Schillers Rückkehr aus Berlin keiner von seinen Plänen, sich zu verändern, nur seinen engsten Freund in Dresden*, Gottfried Körner, hatte er eingeweiht, ihn aber gebeten, nichts davon verlauten zu lassen. Bis zum Zeitpunkt seiner Ankunft in Berlin und in den ersten Tagen dort hatte er die Bedingungen für einen Ortswechsel durchaus geschickt sondiert. In Potsdam und Berlin war man bis zur persönlichen Bekanntschaft mit dem Dichter gleichfalls nicht untätig geblieben. »Verhandlungsführer« Beyme konnte ihm mit 3 000 Talern Pension jährlich ein lukratives finanzielles Angebot machen und dazu eine Hofequipage in Aussicht stellen, ohne die sich Schiller ein Leben in Berlin nicht vorstellen konnte, weil in der großen Stadt »jeder Besuch oder Ausgang eine kleine Reise« sei.

Nun war es an Schiller, sich zu entscheiden. »Berlin gefällt mir und meiner Frau besser, als wir erwarteten. Es ist dort eine große persönliche Freiheit und eine Ungezwungenheit im bürgerlichen Leben. Musik und Theater bieten mancherlei Genüsse an, obgleich beide bei weitem das nicht leisten, was sie kosten. Auch kann ich in Berlin eher Aussichten für meine Kinder finden und mich vielleicht, wenn ich erst dort bin, noch auf manche Art verbessern.« Auf der anderen Seite das Eingeständnis des über Vierzigjährigen, daß er höchst ungern alte Verhältnisse zerreiße und sich aus Bequemlichkeit ebenso ungern in neue begebe. Dann war da auch noch der Weimarer Herzog, dem gegenüber er Verbindlichkeiten hatte, so daß ihm eine Trennung schwerfiele. »Wenn er mir also einen nur etwas bedeutenden Ersatz anbietet, so habe ich doch Lust zu bleiben«, erfuhr Körner nur wenige Tage nach der Rückkehr des Freundes. »Da das Glück einmal die Würfel in meine Hand gibt, so muß ich werfen, ich würde mir sonst immer Vorwürfe machen, wenn ich den Moment versäumte.«

Als ersten setzte Schiller den Herzog ins Bild. Zunächst erklärte er ihm, er habe die Reise angetreten, »um das dortige Theater, mit dem ich seit mehreren Jahren Geschäfte habe, näher kennen zu lernen und für meine künftigen Stücke einen vorteilhaftern Kontrakt zu schließen«. Doch dann kommt der kränkelnde, auf die Zukunft seiner Familie bedachte Mann auf den Kern der Sache zu sprechen: »Ganz unerwartet und ungesucht geschahen mir Anträge von seiten des Kabinettsrats Beyme, mich dort zu fixieren. Man hat mich aufgefodert, meine Bedingungen zu machen, und ist geneigt, mir so viel zu bewilligen, als ich zu meiner Existenz in einer großen Stadt würde nötig haben.« Carl August, der sich mit Goethe konsultiert hatte, zögerte nicht und gab seinem Staatsminister Voigt schon einen Tag nach Erhalt des Bittbriefes zur Kenntnis: »Mit Goethe habe ich puncto Schiller verabredet: Ich will ihm 400 Reichstaler von Johannis an zulegen und bei schicklicher Gelegenheit noch 200 Reichstaler, indessen wollen wir die Sache ein bißchen stille gehen lassen, damit Schiller vielleicht die Berliner um eine tüchtige Pension prellen könne [...] mir ist dieser Gedanke beigefallen, um Schillern für sein honettes Betragen einen Weg an die Hand zu geben, wo er noch besser stehen wird, als wie er es in seinem Brief auszudrücken waget, und um meinen Spaß mit den Berlinern zu haben.« Der Spaß blieb aus, wie auch die gesamte »Sache« im Sande verlief. Aus einem Brief an Körner vom 11. Oktober 1804 erfahren wir, daß er von Berlin nichts weiter vernommen habe. »Vermutlich will man die Sache fallenlassen, weil ich auf einem fixen Aufenthalt in Weimar und der Fortdauer meiner hiesigen Verhältnisse bestanden habe.«


## Diesseits und jenseits der Promenade Unter den Linden

»Ja, das sind die berühmten Linden, wovon Sie soviel gehört haben. Mich durchschauert's, wenn ich denke: Auf dieser Stelle hat vielleicht Lessing gestanden, unter diesen Bäumen war der Lieblingsspaziergang so vieler großer Männer, die in Berlin gelebt […]! Aber ist die Gegenwart nicht auch herrlich? Es ist just zwölf und die Spaziergangszeit der schönen Welt. Die geputzte Menge treibt sich die Linden auf und ab.« Keine zwei Jahrzehnte nach Schillers Aufenthalt in Berlin war es Heinrich Heine, der diese Momentaufnahme von Berlins berühmtester Promenade notierte. Auf dem Grundstück Nr. 23, etwa auf der Höhe des heutigen Hotels »Unter den Linden«, stand das »Hotel de Russie« (später Hotel »Zur Sonne«), wo Schiller zunächst wohnte. Später zog er in das Haus des Mediziners Christoph Wilhelm Hufeland, mit dem er aus den frühen Weimarer und den Jenaer Jahren bestens bekannt war. Hufeland wohnte zeitweilig in unmittelbarer Nachbarschaft Zelters, weshalb wir eine »Anfahrtbeschreibung« heranziehen, die Zelter Goethe als Anlage zu einer Einladung nach Berlin übermittelte: »Daher setzest Du Dich still in Deinen bequemen Wagen, fährst mit eigenen Pferden bis Naumburg, wo die Post wohnt, und so gerade fort bis an das hiesige Potsdamer Tor; Mondschein die ganze Nacht ist auf diese Zeit bereits bestellt. Vom Potsdamer Tore an fährst Du die Leipziger Straße geradeaus bis an die Friedrichstraße, dann wird links in die Friedrichstraße hereingefahren und wieder geradeaus bis vor meine Tür, No. 129 linker Hand.« Hufeland wohnte in der Nr. 130.

Auch hier, auf den neu bebauten Grundstücken schräg gegenüber dem Friedrichstadtpalast, begegnet dem heutigen Sucher auf Schillers Spuren längst nichts Authentisches mehr, noch verweisen Gedenktafeln auf die einst berühmten Bewohner und Gäste. Mit dem vom Deutschen Bundestag beschlossenen Wiederaufbau des Berliner Stadtschlosses zwischen Alexanderplatz und Brandenburger Tor würde jenes Bauwerk rekonstruiert, in dem Luise von Preußen dem Ehepaar Schiller am 13. Mai 1804 eine Audienz gewährte. Daß es in diesem Gespräch mit der Königin, die Schiller bereits während ihres Besuchs fünf Jahre zuvor in Weimar kennengelernt hatte, auch um die erwogene Übersiedlung nach Berlin ging, läßt sich in den Erinnerungen von Schillers Schwägerin Caroline von Wolzogen nachlesen. Danach ließ die »liebenswürdige Königin ahnen, daß sie es gern sehen würde, wenn er sich an Berlin fesseln lasse«.

Auch das Gebäude der Berliner Singakademie, seit Jahrzehnten Spielstätte des Maxim-Gorki-Theaters, ist nicht mehr jenes originale Bauwerk, in dem Schiller am 3. und am 15. Mai 1804 im Beisein Zelters »vergnügte Stunden« erlebte. »War Zelter nicht genial als Komponist, so durchdrang doch Genialität sein ganzes Wesen. Durch Kraft und Energie einer außerordentlichen Persönlichkeit war er dazu geboren, Dirigent, Anführer, Mittelpunkt einer großen künstlerischen Gemeinde zu sein. So gingen von seiner Tätigkeit als Leiter der Singakademie, als Gründer der Liedertafel Generationen überdauernde Wirkungen aus«, würdigte Momme Mommsen den Goethe-Freund und Partner Schillers in einem Essay, der anläßlich des 200. Geburtstages von Zelter im Goethe-Jahrbuch 1958 veröffentlicht wurde. Nach einem Besuch bei Goethe im Oktober 1827 hatte Zelter von seinem Gastgeber »Reliquien Schillers« mit der Bemerkung bekommen, sie »zu verehren«.

Wie das heute als Konzerthaus am Gendarmenmarkt firmierende Gebäude ausgesehen hat, als Schillers Dramen hier begeistert aufgenommen wurden und der Autor selbst zugegen war, zeigt ein Foto im Inneren des Hauses. Deutlich wird, daß jenes 1804 gerade erst zwei Jahre alte Nationaltheater trotz imponierender Architektur und Größe mit dem heutigen, nach den Zerstörungen im Zweiten Weltkrieg wiederaufgebauten Schinkel-Bau nicht zu vergleichen ist. Stand seinerzeit vor dem Theater noch ein Trinkwasserbrunnen, so erhebt sich an dessen Stelle seit 1871 ein von der Stadt Berlin dem »Dichterfürsten« gewidmetes Denkmal. »Links ein Prophet, rechts ein Prophet und mittendrin das Weltenkind«, soll ein Zeitgenosse der feierlichen Enthüllung geurteilt haben.

*Frühstück auf Schloß Sanssouci*

Die Schlösser und Gärten in Berlin und Brandenburg sind wohl das sichtbarste künstlerische Erbe Preußens. Ihre Entstehung ist eng mit der geschichtlichen Entwicklung vom brandenburgischen Kurfürstentum zum preußischen Königtum und letztlich zum deutschen Kaiserreich verbunden. Wie dem Berliner Schloß, so blieb auch dem Stadtschloß Potsdam das Schicksal kriegerischer Zerstörung und der diesem Unheil folgende endgültige Abriß bzw. die Sprengung nicht erspart. Zu Beginn des Jahres 2002 erlebten die Potsdamer das Richtfest und später den vollendeten Wiederaufbau des 1669/1700 entstandenen, 28 Meter hohen Fortunaportals. Es war das Signal für den Wiederaufbau des Schlosses, das als ein Höhepunkt der europäischen Rokokobaukunst galt. Auch das nahe dem Schloß gelegene Schauspielhaus an der Berliner Brücke wurde von Fliegerbomben getroffen und 1966 abgerissen. In dem Haus mit seinen immerhin 700 Plätzen war Schiller am Abend seiner Rückkehr nach Weimar zu Gast. Gegeben wurde August von Kotzebues Komödie »Fanchon oder das Leiermädchen«. Eigens für diese Aufführung hatte der König die Mitglieder des Nationaltheaters nach Potsdam befohlen.

Auf Schloß Sanssouci war Schiller zum Frühstück geladen

Unterwegs im Areal Neuer Markt, unweit des Marstalls sowie links und rechts der Dortustraße, befindet man sich in jenem Stadtquartier, in dem Christian von Massenbach wohnte und arbeitete, der einstige Mitschüler auf der Carlsschule, bei dem Schiller während seiner kurzen Aufenthalte in Potsdam übernachtete. Beymes Haus, in das Schiller am 17. Mai 1804 zu Mittag geladen war, stand in der Nähe des Nauener Tors an der Ecke Mittelstraße. Der Kabinettsrat erinnerte sich später der Begegnung, als er »das Vergnügen hatte, seinen Besuch in Begleitung seiner Gemahlin und zweier Söhne in meinem Hause zu empfangen und diese interessante Angelegenheit mit ihm zu verhandeln«. Wenige Stunden zuvor war Schiller auf dem von Georg Wenzeslaus von Knobelsdorff Mitte des 18. Jahrhunderts errichteten Schloß Sanssouci vom preußischen Königspaar empfangen worden. Ort der Begrüßung dürfte höchstwahrscheinlich der kuppelüberwölbte Marmorsaal gewesen sein, der dem Empfang besonderer Gäste vorbehalten war. Während eines gemeinsamen Frühstücks kam sicher auch »die interessante Angelegenheit« zur Sprache.

Als druckfrische Nachricht sozusagen erfuhr Schillers Verleger Cotta die erste Bilanz der kurz entschlossenen Reise nach Berlin und Potsdam: »Die Reise, das üble Wetter, und die Zerstreuung der ersten Tage hatten mir eine gänzliche Erschöpfung und ein catarrhalisches Fieber zugezogen. Indeßen habe ich das Nothwendige, um deßentwillen ich die ganze Reise unternommen, gesehen und ausgeführt und meines Zweckes nicht verfehlt.«

# Anhang

# Chronik

| | |
|---|---|
| 1759 | Am 10. November wird Friedrich Schiller in Marbach am Neckar geboren. |
| 1764/65 | Umzug nach Lorch, Beginn der Schulzeit. |
| 1766 | Umzug nach Ludwigsburg. |
| 1773 | Eintritt in die Carlsschule auf Schloß Solitude, wo Schiller ein Jahr später mit dem Jurastudium beginnt. |
| 1775 | Verlegung der Carlsschule nach Stuttgart; im Jahr darauf wechselt Schiller zum Medizinstudium über. |
| 1780 | Entlassung aus der Carlsschule und Beginn der Tätigkeit als Regimentsarzt in Stuttgart. |
| 1782 | Flucht nach Bauerbach, Aufenthalt bis Sommer 1783. |
| 1785 | Mehrmonatiger Aufenthalt in Leipzig, Begegnung mit Christian Gottfried Körner, dessen Gast Schiller bis Sommer 1787 in Dresden ist. |
| 1787 | Erster Aufenthalt in Weimar, Ausflug nach Jena. |
| 1788 | Sommeraufenthalt bei den Schwestern von Lengefeld in Rudolstadt, Berufung an die Universität Jena. |
| 1789 | Antrittsvorlesung in Jena, wo Schiller bis 1799 lebt. |
| 1790 | Friedrich Schiller und Charlotte von Lengefeld heiraten in der Kirche von Wenigenjena. |
| 1793/94 | Reise in die Heimat, längere Aufenthalten u. a. in Heilbronn, Ludwigsburg und Stuttgart. |
| 1799 | Die Familie zieht nach Weimar, wo sie 1802 das heutige Schillerhaus an der Esplanade erwirbt. |
| 1804 | Mit Frau und den beiden Söhnen dreiwöchiger Aufenthalt in Berlin und Potsdam. |
| 1805 | Am 9. Mai stirbt Friedrich Schiller 45jährig in Weimar. |

# Benutzte Literatur

Schillers Briefe in zwei Bänden. Ausgewählt und erläutert von Karl-Heinz Hahn. Bibliothek Deutscher Klassiker, Aufbau-Verlag Berlin und Weimar 1982.

Schillers Briefe. 2 Bände. Hrsg. von Georg Kurscheidt. Deutscher Klassiker Verlag, Frankfurt a. M. 2002.

Schiller. Bilder und Texte zu seinem Leben. Hrsg. von Axel Gellhaus und Norbert Oellers. Böhlau Verlag, Köln, Weimar, Wien 1999.

Beyer, Jürgen/Jürgen Seifert: Weimarer Klassikerstätten – Geschichte und Denkmalpflege. Verlag Ausbildung + Wissen, Bad Homburg und Leipzig 1997.

Biedrzynski, Effi: Goethes Weimar. Artemis & Winkler, Düsseldorf 1992.

Karl August Böttiger: Literarische Zustände und Zeitgenossen. Begegnungen und Gespräche im klassischen Weimar. Hrsg. von Klaus Gerlach und René Sternke. Aufbau-Verlag, Berlin 1998.

Eckermann, Johann Peter: Gespräche mit Goethe in den letzten Jahren seines Lebens. Hrsg. von Regine Otto unter Mitarbeit von Peter Wersig. Aufbau-Verlag Berlin und Weimar 1987.

Goethes Leben von Tag zu Tag. Eine dokumentarische Chronik von Robert Steiger. Artemis Verlag, Düsseldorf 1983.

Goethes Werke in zwölf Bänden. Bibliothek Deutscher Klassiker, Aufbau-Verlag Berlin und Weimar 1981.

Horn, Gisela/Detlef Ignasiak: Glückliches Ereignis; Hain Verlag, Rudolstadt und Jena 1994.

Klauß, Jochen: Goethes Deutschland, Deutsche Verlags-Anstalt, Stuttgart 1998.

Schiller, Johann Caspar: Die Baumzucht im Großen. Ulmer Verlag, Stuttgart 1993.

Voigt, Werner: Chronik des Hauses Dacheröden. Erfurt 1997.

Weimar im Urteil der Welt. Aufbau-Verlag Berlin und Weimar 1977.

Wertheim, Ursula: Friedrich Schiller. Mit 151 Abbildungen. Bibliographisches Institut, Leipzig 1978.

Wilpert, Gero von: Schiller-Chronik. Reclam-Verlag, Stuttgart 2000.

# Danksagung

Am Werden dieses Buch haben viele Anteil. Alle, denen ich zu Dank verpflichtet bin, an dieser Stelle namentlich zu nennen ist nicht möglich, ihnen aber zu danken durchaus. Daß mir in allen Orten, zu denen ich unterwegs war, engagierte Kenner und Freunde Schillers hilfreich zur Seite standen, war ein Gewinn für mich wie für die Aktualität des Buches. Wenige Namen nur sollen stellvertretend für die vielen anderen stehen: Aufbau-Lektorin Magdalena Frank, Professor Ott in Marbach, Professor Dahnke in Weimar und der Direktor der Anna Amalia Bibliothek Weimar, Dr. Michael Knoche, sowie Professor Grohnert und Herr Rave in Erfurt, Dr. Klose in Dresden und Günther Drommer in Berlin. Ein erlösendes »Danke« gilt meiner Frau Uta.

# Personenregister